金融助力“徐州制造”加快发展精品案例汇编

主　编　秦文炜

中国矿业大学出版社
·徐州·

内 容 提 要

本书系统阐述了徐州市制造业发展现状、金融支持制造业发展的基本情况和徐州市银行业金融机构支持制造业的典型做法及特色产品。在介绍特色产品时，分别从产品特点、准入条件、应用案例等几个角度进行直观、全面、详细的解读，相信广大读者尤其是企业家、创业者在阅读本书后会有所收获。

图书在版编目(CIP)数据

金融助力“徐州制造”加快发展精品案例汇编 / 秦文炜主编. —徐州 ：中国矿业大学出版社，2020.12

ISBN 978-7-5646-4925-8

Ⅰ. ①金… Ⅱ. ①秦… Ⅲ. ①制造工业—产业发展—案例—徐州 Ⅳ. ①F426.4

中国版本图书馆 CIP 数据核字(2020)第 270118 号

书　　名　金融助力“徐州制造”加快发展精品案例汇编
主　　编　秦文炜
责任编辑　齐　畅
出版发行　中国矿业大学出版社有限责任公司
（江苏省徐州市解放南路　邮编 221008）
营销热线　(0516)83884103　83885105
出版服务　(0516)83995789　83884920
网　　址　http://www.cumtp.com　**E-mail**:cumtpvip@cumtp.com
印　　刷　苏州市古得堡数码印刷有限公司
开　　本　787 mm×960 mm　1/16　**印张** 16.25　**字数** 234 千字
版次印次　2020 年 12 月第 1 版　2020 年 12 月第 1 次印刷
定　　价　78.00 元

《金融助力“徐州制造”加快发展精品案例汇编》编委会

主　编　秦文炜

副主编　刘圣庆

编　委　（按姓氏笔画排序）

马　峥　王　景　王艳芳　李文一

杨馥铭　张　敬　张巍瀚　夏　妍

曹国春　蒋榅颖　薛　晶

前　言

制造业是国民经济的支柱产业，是经济发展的基本盘，是国家创造力、竞争力和综合国力的重要体现。2017 年 12 月，习总书记在视察徐州时指出："必须始终高度重视发展壮大实体经济，抓实体经济一定要抓好制造业"[①]。

徐州是苏北老工业基地，随着煤炭资源的枯竭，围绕煤炭形成的电力、钢铁、水泥、化工等产能优势逐渐消失，制造业发展一度面临诸多难题和障碍。2017 年，中央将徐州定位为资源枯竭型城市转型升级示范区，徐州市委市政府坚持"工业立市、产业强市"战略，深入推进供给侧结构性改革，围绕产业升级，在推动旧产能有序退出的同时加快推进新产能的引进和培育。徐州市金融系统一直坚持服务实体经济，创新金融产品和服务，大力支持制造业，助力"徐州制造"向"徐州智造"转变，推动实体经济提档升级。

2020 年，全市金融系统面对新型冠状病毒肺炎疫情冲击，迅速行动，加大对制造业"输血供氧"，为稳住经济基本盘提供了有力金融支撑。一年来形成了金融支持制造业的特色做法，积累了有益经验。为进一步激发金融创新活力，帮助广大制造业企业知晓政策、用好产品，我们组织编写了本书。本书介绍了徐州制造业发展现状和金融支持制造业的基本情况；选编了徐州市出台的支持制造业发展的产业政策和金融政策；重点选取了徐州市 30 家主要银行业金融机构和 5 个县域金融支持制造业的典型做法和特色产品。每款产品辅以生动案例和咨询电

---

① 《习近平在江苏徐州市考察时强调 深入学习贯彻党的十九大精神 紧扣新时代要求推动改革发展》，《人民日报》，2017 年 12 月 14 日。

话，设置场景化实例帮助读者理解，便于融资需求者详细问询。

坚定不移建设制造强国是党中央提出的“十四五”时期经济社会发展明确要求。组织编写本书是希望能够加强金融机构的交流，启发思路、促进金融创新，提升金融服务徐州制造业水平，助力徐州产业转型升级。当然，随着金融服务持续优化、金融科技不断发展，本书所汇集的特色金融产品在产品种类、准入条件、办理流程等方面也将发生变化，编撰本书希望能抛砖引玉，架起政、银、企对接的桥梁，进一步便利徐州制造业企业获得更多的金融支持和服务。

编　者

2020 年 8 月

目　录

第二篇　县域特色篇

第三篇　政　策　篇

第四篇 金融服务指南

概　述

制造业是国民经济的主体，是立国之本、兴国之器、强国之基。《中华人民共和国国民经济和社会发展第十四个五年规划和2035年远景目标纲要》提出要“坚持把发展经济着力点放在实体经济上，加快推进制造强国、质量强国建设”，这是党中央在“以国内大循环为主体、国内国际双循环相互促进的新发展格局”中做出的重大战略决策。

“工业立市、产业强市”战略塑造产业新格局

徐州是装备制造之都，装备制造业是徐州经济发展的重要增长动力。“十三五”以来，市委市政府以“工业立市、产业强市”为引领，深入推进供给侧结构性改革，加快推进产业转型升级，工业经济保持了总体平稳、结构优化、量质齐升的良好态势。先后获批工业领域煤炭清洁高效利用示范市、国家信息消费示点市，获得2016中欧绿色和智慧城市奖，入选2019年度江苏省制造业创新转型成效明显地区等。

工业经济体量逐步壮大。2019年，全市全口径工业增加值2 333亿元（2015年2 037亿元），工业应税销售收入5 041亿元（2015年2 988亿元）。

现代工业产业体系初步构建。2016年，徐州市印发了《中国制造2025徐州行动纲要》，明确了“6＋6”现代工业产业体系。2019年，徐州市委市政府出台了《关于推进四大战略性新兴主导产业发展的工作意见》，明确了装备与智能制造、新能源、集成电路和信息与通信技术

(ICT)、生物医药与大健康四大战略性新兴产业。2019年,全市战略性新兴产业和高新技术产业产值分别增长12.8%和8.7%,占全部规模以上工业比重分别达到40.6%和40.1%;全市重点发展的四大战略性新兴产业产值增长13.8%,占全部规模以上工业比重达到36.1%。

产业发展集聚度逐步增强。始终坚持“区域集中、企业集群、产业集聚、资源集约”的原则,不断优化产业布局。目前,全市省级以上开发区(高新技术产业开发区)共16个,其中国家级2个,省级14个。同时,结合各县域产业发展实际,重点打造30个特色产业基地。全市新型工业化示范基地3个,其中,国家级1个(经济技术开发区工程机械)、省级2个(经济技术开发区新能源、高新区汽车及零部件)。

金融支持制造业转型升级措施有力

2020年以来,面对新型冠状病毒肺炎疫情(简称“新冠肺炎疫情”)的巨大冲击,全市金融部门迅速贯彻党中央国务院重大决策部署,落实市委市政府和上级行工作要求,以稳制造业企业为突破点,加大对经济“输血供氧”,全力支持新冠肺炎疫情防控、企业复工复产和实体经济高质量发展,充分发挥金融在支持制造业转型升级中的积极作用。以实施“金融助力‘徐州智造’加快发展精品工程”为依托,持续改进金融支持和服务,有效发挥经济增长“压舱石”作用。

打好政策组合拳。中国人民银行徐州市中心支行(简称“人民银行徐州市中心支行”)会同徐州市发展和改革委员会、徐州市工业和信息化局、徐州市财政局、徐州市地方金融监督管理局等五部门出台《金融助力“徐州智造”加快发展精品工程实施方案》,发挥产业政策、财税政策、金融政策协同作用,形成部门合力,推动工程开展。通过建立项目选择机制、工作推进机制、考核奖惩机制等一系列工作机制,保障工程顺利进展。

用好央行资金优惠包。人民银行徐州市中心支行设立 30 亿元央行资金“政策支持优惠包”，强化货币政策工具“投向＋价格”双引导作用；通过设立支持先进制造业融资专项再贴现产品等方式，推动银行业金融机构优化业务流程和内部管理，加大贷款投放，降低贷款利率水平。

建好银企对接项目库。优化企业培育综合服务，建立制造业企业梯次培育机制。人民银行徐州市中心支行主动与徐州市发展和改革委员会、徐州市工业和信息化局等部门对接，围绕徐州市专精特新产品、科技小巨人、制造业单项冠军等先进制造业企业、转型升级制造业企业设立“‘徐州智造’企业培育库”，第一批次企业培育库含 1 476 家制造业企业，积极组织金融机构开展信贷对接。开展外贸企业金融帮扶专项行动，筛选全市有实际贸易进出口业务的千家外贸企业，组织银行开展融资帮扶。

打好金融服务创新牌。2020 年 4 月 9 日，徐州市政府召开新闻发布会，由人民银行徐州市中心支行联合徐州市发展和改革委员会、徐州市地方金融监督管理局对《金融助力“徐州智造”加快发展精品工程实施方案》进行解读。人民银行徐州市中心支行领导秦文炜、刘圣庆出席发布会，分别对该方案进行解读、答记者问，《新华日报》、徐州发布、徐州电视台、《徐州日报》等媒体先后报道。针对科技企业轻资产、缺少有效抵押担保等特点，推动银行机构破解信贷模式障碍、产品同质障碍，指导金融机构开发科技企业信用贷、知识产权抵押贷款等产品，打造一批“智造”金融精品案例。

舞好考核评估指挥棒。人民银行徐州市中心支行重点围绕先进制造业贷款占比、信用贷款占比、中长期贷款占比等关键指标，设立金融支持制造业发展考核指标体系，通过加大货币政策工具支持等方式对考核结果较好的金融机构予以激励。提请财政部门将制造业贷款纳入银行业金融机构考核指标，对政策执行较好的金融机构进行激励表彰，引导金融机构聚焦服务实体、服务当地的主要产业，加大对制造业企业的支持力度。

截至2020年9月末，全市人民币制造业贷款余额577.6亿元，比年初增加55.5亿元，是上年同期增量的18.6倍；余额同比增长8.02%，高于上年同期8.96个百分点。中长期融资支持不断加大，截至2020年9月末，辖区中长期制造业贷款同比增长123.85%。制造业企业融资渠道进一步拓宽，2020年前9个月，全市制造业企业累计发行银行间各类债务融资工具146亿元，占同期全部发行量的39.37%。新冠肺炎疫情防控期间，徐州工程机械集团有限公司（简称"徐工集团"）成功发行江苏省首单新冠肺炎疫情防控债3亿元。

产业金融联动共筑徐州制造业美好未来

当前，世界处于百年未有之大变局，全球经济和产业格局将深度调整，各种风险挑战和不确定性因素明显增多。同时，这一时期也是我国"两个一百年"奋斗目标的历史交汇期。在转型发展的关键期，挑战与机遇并存，金融系统将一如既往加大支持力度，助推徐州实现由制造大市向"智造"强市的新跨越。

贯彻新发展理念，以金融高质量发展推动现代化经济体系建设。以振兴实体经济为发展根基，力争把更多金融资源配置到实体经济领域，大力支持高新技术产业、战略性新兴产业和"四新经济"（新技术、新产业、新业态、新模式的经济形态），推动产业结构不断优化，新旧动能加快转换。

引导创新创优，形成产业金融良性互动。加大金融产品创新力度，不断优化金融服务水平，提出更多适合制造业企业的融资解决方案，助推徐州制造业繁荣发展，也带动金融突破传统经营路径依赖，寻找新的盈利点和增长点。

集聚部门合力，打造制造业发展良好融资环境。进一步加强货币政策、财政政策和产业政策间的协调配合，打造良好法治环境、政务环境、金融生态环境，为徐州经济高质量发展做出应有的贡献。

第一篇

精品案例篇

农业发展银行徐州市分行

银行特色做法

农业发展银行徐州市分行长期以来坚定“支农为国、立行为民”的使命担当，深入推进履职发展和业务创新，特别是2020年以来，统筹支持地方经济发展，精准发力服务“六稳”（稳就业、稳金融、稳外贸、稳外资、稳投资、稳预期）、“六保”（保居民就业、保基本民生、保市场主体、保粮食能源安全、保产业链供应链稳定、保基层运转），较好发挥了政策性金融“当先导、补短板、逆周期”的作用。特别是瞄准涉农领域、新兴领域制造业企业加大金融支持力度，取得明显成效。截至2020年9月末，农业发展银行徐州市分行制造业贷款余额2.33亿元，同比增长17.98%。

明确普惠金融支持小微企业导向

客观来说，政策性银行支持小微企业不是强项，线上技术手段和线下客户经理数量都不足以支撑大量的小微客户。对此，农业发展银行徐州市分行充分研判，明确了降、保、增三项目标。一是“降成本”，对受新冠肺炎疫情影响的小微企业实行优惠利率，自2020年3月起，新发放复工复产小微企业贷款执行3.35%的优惠利率，切实减轻企业负担；二是“保经营”，对确实因受新冠肺炎疫情影响，经营暂时遇到困难的小微企业，做到延期还本付息应延尽延，不盲目抽贷压贷；三是“增支持”，保持小微企业户数和金额的双增加，努力实现信用贷款占比增加。截至2020年9月末，农业发展银行徐州市分行小微贷款余额1.18亿元，当年净增超过4 469万元，增幅60.8%。小微客户数和贷款余额均居全省农业发展银行首位。

认真落实金融支持稳保两项直达实体政策

加大对普惠小微企业延期还本和信用贷款支持政策的宣传力度，确保客户对政策应知尽知；加强小微台账管理，对即将到期的小微贷款及早准备，及早办理延期还本付息手续，确保惠企政策落实到位。截至

2020年年末，农业发展银行徐州市分行小微企业延期还本付息达到100%，信用贷款占比32.48%。

加大减税降费让利实体经济支持力度

做好利率优惠，不收顾问费，减免结算收费，切实让利实体经济，降低企业融资成本。积极落实纾困惠企政策，复工复产贷款全部给予首年优惠利率政策，其他普惠小微企业贷款在权限范围内给予最大优惠。2020年三季度以来，农业发展银行徐州市分行各项贷款综合利率较上半年降低68 BP①，预计全年可为企业新增贷款节约利息支出近500万元。

特色产品

小微企业贷

产品简介	本产品是为解决“三农”(农业、农村和农民)领域小微企业生产经营过程中的合理资金需求而发放的本外币贷款。主要用于解决小微企业从事符合农业发展银行业务范围的研发、生产、加工、流通、服务、运营维护等经营活动的合理流动资金需求，以及新建、扩建、改造、购置固定资产的合理资金需求
产品特点	1. 仅支持小微企业。此处小微企业借款人是指符合国家统计局《统计上大中小微型企业划分办法(2017)》的小型、微型企业划分标准，且在农业发展银行单户授信总额1 000万元(含)以下的企业法人或农民专业合作社等其他经济组织。 2. 营销产品实行动态管理，根据国家政策适时更新营销产品手册。 3. 贷款利率按人民银行及农业发展银行利率管理有关规定执行，对照同业适度优惠；鼓励使用抵押补充贷款(PSL)等低成本资金
准入条件	1. 符合国家产业、环保等政策，且在农业发展银行信贷业务支持范围内。 2. 生产经营年限、主营业务范围、资产负债率、主营业务收入占总收入比例、经营性现金流、反洗钱、融资金融机构数、融资余额、或有负债等方面符合农业发展银行相关要求。 3. 借款人信用状况良好，管理制度完善。 4. 具备承担相关行业项目融资、建设、改造，以及建成后运营的相关资质和能力。 5. 项目资本金来源明确且有保障，项目资本金比例符合国家规定。 6. 项目还款来源充足，偿债备付率符合农业发展银行要求，视贷款类型提供合法有效的担保

① BP指基点，用于金融方面，是债券、票据等利率改变量的度量单位。1 BP=0.01%。

续表

提供材料	1. 借款人基础资料。 2. 贷款申请资料。 3. 担保材料
办理流程	1. 借款人具有项目融资需求，农业发展银行开户行受理借款人贷款申请。 2. 实地调查借款人基本情况、主营业务情况、现金流情况、贷款需求和融资情况、还款能力及还款意愿情况、担保可行性情况等。 3. 农业发展银行进行内部评审。 4. 内部评审通过后，农业发展银行与企业客户签订贷款合同。 5. 开立账户，满足贷款条件后进行贷款发放。 6. 企业提供支付材料，客户经理按项目进度提供贷款支付服务。 7. 企业客户偿还全部贷款本息，项目贷款结束销户
服务渠道	办公地址：徐州市建国西路 68 号 咨询电话：0516-85797900

产品实例

发展路上拉一把　壮大途中帮一下

徐州易尔环保科技有限公司坐落于徐州市经济技术开发区，始建于 2016 年 6 月，注册资金 1 500 万元。作为江苏金彭集团旗下生态链企业，以绿色新能源为切入点，专注于小型新能源电动清洁设备的研发、制造、销售及服务等。

该企业于 2018 年通过国家级高新技术企业认证，是省级高新技术培育入库企业，也是科技创新板挂牌企业、江苏省民营科技企业，连续三年获评科技型中小企业，获得“鑫智力”杯创业大赛最具投资价值企业奖、质量管理体系认证、环境管理体系认证、知识产权管理体系认

证、职业健康与安全管理体系认证等。目前，已经申请授权发明专利1项，实用新型20余项，外观专利10余项。

徐州易尔环保科技有限公司成立时间较短，处于初创期向成长期的过渡阶段，这也是一家企业发展的关键阶段。因为没有足够的发展资金和资源，所以该企业重点围绕一个中心“求生存”，两个基本点“找资源、打基础”，在环保设备细分领域寻求差异化发展，积极在设备生产和研发上向市区各家银行寻求资金支持。

初创企业融资主要是向市场寻求风投资金或银行贷款，但是一般是用自己的不动产去做抵押，如果没有合适的抵押物一般很难贷到款。虽然徐州易尔环保科技有限公司缺少合格抵押品，但它是一家高科技企业，且是江苏金彭集团旗下生态链企业，市场前景广阔。在得知企业有贷款需求后，农业发展银行徐州市分行主动作为，创新举措，想方设法为该公司提供融资支持，助推企业发展壮大。农业发展银行徐州市分行借助省行与江苏省信用融资担保公司的合作关系，为小微企业提供较低担保费用，无须企业提供贷款抵押品，在降低优质小微企业融资门槛的同时，有效缓释了信贷风险。同时，针对小微企业评级授信、用信开设绿色通道，简化原本适用于中长期项目贷款的审批流程，加快审批进度。

农业发展银行徐州市分行营业部主动与企业对接后，根据最新小微企业信贷政策，于 2019 年 12 月向该企业发放一年期农业小企业流贷 300 万元，用于购买生产所需原材料，利率低至央行基准利率，采用受托支付，累计支付给 10 家供应商，较好地解决了企业的资金短缺问题。

徐州易尔环保科技有限公司充分利用农业发展银行徐州市分行低成本信贷资金，借助江苏金彭集团的体系平台，打造可上牌的低速新能源四轮电动车，并开始研发小型环卫设备无人驾驶技术，在电机、泵、控制器等核心配件开发领域取得一定进展。2020 年该公司全年销售收入较上年翻番。农业发展银行徐州市分行信贷资金不但为企业排除了后顾之忧，也充分激发企业发展活力，有效拓展企业发展能力，受到企业好评。

中国工商银行徐州分行

银行特色做法

在当前制造业下行压力加大、有效需求总体不足的情况下，中国工商银行徐州分行通过优化资源配置、创新金融服务、明确政策标准等，多措并举增加制造业贷款，重点关注科研与生产深度融合的高端制造业、高科技企业，深化制造业"千户工程"建设，切实提升制造业金融服务质效。截至 2020 年 9 月末，中国工商银行徐州分行制造业贷款余额 63.9 亿元，较年初新增 15.4 亿元，已超额完成全年 7 亿元的新增计划。

助力制造业企业复工达产，做细做实金融服务

一是建立专项机制。新冠肺炎疫情防控期间，中国工商银行徐州分行对照市委市政府支持中小企业发展"21 条措施"以及监管部门对新冠肺炎疫情防控用品重点生产企业和受影响企业信贷支持相关要求，成立支持企业复工复产金融服务工作组，启动新冠肺炎疫情防控期间企业专项服务行动，坚决做到三个"不少于"，即党员干部走进企业现场办公解难题时间不少于全部工作时长的三分之一，用于支持企业复工复产尤其是新冠肺炎疫情防控重点企业和受影响企业的信贷规模不能少于总体信贷规模的三分之一，通过绿色通道一站式审批通过的线上融资新产品不低于普惠贷款投放总量的三分之一。

二是对焦政策落实。围绕人民银行徐州市中心支行和中国工商银行徐州分行上级行下发的工业、重大产业项目名单，对徐州市医药物资保障、生活物资保障、装备制造、能源化工、电信运营等 7 大类复工复产企业，按照特事特办、急事急办的原则，优化业务流程，开通绿色通道，提高审批效率，给予融资利率优惠支持，累计为名单内企业授信 60.88 亿元。充分发挥制造业项目贷款对中长期贷款增长的支撑作用，紧盯江苏省发展和改革委员会、江苏省工业和信息化厅 520 个重点制造业项目的营销拓展，加快营销走访，尽快实现 100%营销覆盖。

三是专注企业纾困。以“春润行动”“春融行动”为主题，建立专项工作机制，配备助企客户经理，落实延本延息、展期续贷等政策，新冠肺炎疫情防控期间为 21 户受困制造业企业办理展期、续贷、结息周期调整等业务 3.3 亿元，累计向 36 户制造业企业提供 3.4 亿元抗击新冠肺炎疫情专项贷款，全力保障防疫抗疫。全力支持小微型制造业企业复工复产，新冠肺炎疫情发生以来共支持小微型制造业客户 324 家，投放贷款 11.27 亿元。

四是主动减费让利。制造业普惠贷款利率较 2019 年下降 50 BP；对中国人民银行、国家发展和改革委员会、工业和信息化部联合发布的新冠肺炎疫情防控重点企业名单，提供不超过 3.15%的优惠利率；对复工复产以及受新冠肺炎疫情影响较大的企业新发放制造业贷款利率低于 2019 年年末水平；同时严格执行小微企业收费减免政策，其中制造业普惠客户减免达 560 万元以上。

科技赋能金融服务，打造线上线下共振生态

为贯彻新发展理念，推动金融、科技、生态融合共进，中国工商银行徐州分行充分发挥线上融资支撑作用，主推经营快贷、网贷通、数字供应链三大产品线。一方面抓实线上重点产品，做大普惠制造业贷款客户体量。积极适应监管要求，提高经营快贷等信用类贷款占比，与此同时，持续推动“e 抵快贷”业务，促进抵质押与信用类贷款协调发展。2020 年 9 月末，线上融资余额 19.03 亿元，其中制造业贷款新增 5.2 亿元以上。另一方面加快数字供应链融资业务发展，拓展新场景模式。依托公司、结现、网金、机构等条线资源，构建“1＋N＋M”客户批量营销模式，聚焦重点制造业板块，对徐工集团、天虹纺织、恩华药业、万邦医药、维维集团等重点核心客户，积极运用中国工商银行总行“工银 e 信”“e 链快贷”“数据链”等创新工具，进一步提升供应链融资对制造业的支撑作用。截至 2020 年 9 月末，中国工商银行徐州分行共计审批 6 条供应链融资方案，金额共计 8.3 亿元，实现线上数字供应链融资 2.7 亿元投放。

特色产品 1

跨境并购业务

产品简介	本产品是向国内并购方或其在境外设立的实体提供融资的表内业务，用于其收购目标公司的股权、股份或资产
产品特点	1. 融资期限较长，一般 5 年以上，最长可 7 年。 2. 增加企业长期负债占比，减少短期负债压力。 3. 支持国内企业跨越式发展。 4. 支持企业走出去，参与国际竞争
准入条件	1. 并购标的优质，具备成长性，且符合国家政策导向。 2. 主要生产装备、产品、能力符合国家产业发展方向，技术先进，产品有市场，环保和安全生产达标。 3. 信用状况良好。 4. 先进制造业企业
提供材料	1. 企业简介。 2. 营业执照、公司报表等基础资料。 3. 业务申请资料。 4. 其他
办理流程	1. 企业具备业务需求，客户经理进行接洽。 2. 持续跟踪企业，引入当地中国工商银行等合作伙伴共同进行尽职调查。 3. 双方商定业务模式、贷款期限。 4. 审批后，与客户签订协议。 5. 在银行开立专用账户，用于并购资金发放和还款
服务渠道	网址：http://www.icbc.com.cn 办公地址：徐州市大同街 31 号 咨询电话：0516-83722165

产品实例 1

用好跨境并购　助力企业出海

H 企业是国内高空作业车行业的龙头企业，2012 年收购上海格拉曼国际消防装备有限公司进入消防车行业。H 企业的全资子公司上海

格拉曼国际消防装备有限公司主要从事军品及消防车的研发和生产经营业务。目前，H企业的民用产品主要包括消防机器人、消防车等；军品主要包括核生化应急救援装备、危化品事故应急处置装备两类产品。格拉曼多种产品的国内市场占有率均处于第一，同时被评为上海市松江区首批“G60 科创走廊军品融合重点企业”。

本次跨境并购标的公司[①]位于德国维尔恩斯多夫，最早建立于 1934 年，并于 20 世纪 50 年代开始开发专用消防车，在德国本土和全球其他地区有一定品牌知名度。该公司核心竞争力包括压缩空气泡沫系统“一七系统”、PLC 系统等，产品销售范围超过 30 个国家，在中国也有品牌知名度，至今已在国内销售 1 000 余台车辆。H 企业增资控股目标公司后将有助于提升自身消防车产品技术水平和公司综合竞争力，更有助于其建设欧洲生产、销售、研发基地，通过入境投资的方式拓展国内市场。

① 因涉及商业秘密，不透露公司名称。

H 企业计划分两次投资取得标的公司约 67%的股权。其中首期出资 320 万欧元，取得其 51%的股份（其中对目标公司股本增加 2.66 万欧元，持股比例 51%，其余资金计入资本公积，用于偿付原有股东借款及用于公司运营）；第二期拟投资 304 万欧元，持股比例增至 67%。总投资按照 2019 年 4 月 17 日人民币兑欧元中间价 7.6 折算不超过人民币 4 742.4 万元，H 企业自筹交易价款的 40.05%，即人民币 1 899.4 万元，余款从中国工商银行徐州分行申请并购贷款，通过兑换成欧元支付至标的企业。中国工商银行徐州分行实行创新合作模式，联动中国工商银行法兰克福分行进行标的公司尽职调查，最终确定按照收购金额的 60%发放并购贷款，期限 4 年。

目前双方已在上海、徐州两地设立合资公司，通过引进德国先进技术，结合 H 企业制造工艺，生产城市主战消防车、危险物品处理车（洗消车），合作开发微型消防车、消防机器人等人工智能消防产品。

特色产品 2

债转股业务

产品简介	本产品是由境内商业银行作为主要股东发起设立金融资产投资公司，通过募集资金将银行对企业的债权转换为金融资产管理公司对企业股权的表外投资业务（期限一般在 5 年以上）
产品特点	1. 融资期限较长（一般在 5 年以上）。 2. 直接投资减少企业负债，降低企业资产负债率。 3. 参与企业治理，增强资本实力
准入条件	1. 企业发展前景良好但暂遇困难，或因高负债而财务负担过重。 2. 具有可行的企业改革计划和脱困安排。 3. 成长型企业，特别是战略性新兴产业领域的成长型企业、先进制造业企业。 4. 符合国家产业发展方向，技术先进，产品有市场，环保和安全生产达标。 5. 信用状况较好，无故意违约、转移资产等不良行为
提供材料	1. 企业简介。 2. 营业执照、公司报表等基础资料。 3. 业务申请资料。 4. 其他

续表

办理流程	1. 企业有业务需求，客户经理进行接洽。 2. 引入工银金融资产投资有限公司（简称“工银投资”）共同调研企业情况。 3. 三方商定业务模式、投资期限。 4. 工银投资内部评审后，工银投资与客户签订协议。 5. 开立专用账户，用于投资资金发放、归还企业流动资金借款。 6. 派驻董事，参与企业治理，提供建设性意见。 7. 二级市场转让股权退出，或者协议转让
服务渠道	网址：http://www.icbc.com.cn 办公地址：徐州市大同街31号 咨询电话：0516-83722165

产品实例2

工银、AC“债转股”　航母重卡一起飞

A集团是徐州市市属国企，为推进地方国有企业改革，实现进入世界工程机械行业前五强目标，拟引入工银投资作为战略投资者，增强资本实力，实现强化工程机械、重卡和环境产业三大战略产业支柱目标，提升竞争优势。C企业为A集团的全资子公司，实际控制人为徐州市国有资产监督管理委员会，注册资本为45 000万元。C企业经营的重卡产业是目前江苏省仅有的国有重卡制造企业、徐州市唯一的新能源汽车制造企业，2017年顺利获批江苏省高新技术企业。

但是，C企业资产负债率高达91%，超过警戒线。为改善企业资产负债结构，中国工商银行徐州分行联合工银投资为企业制定了市场化债转股的一揽子服务方案。

此次市场化债转股的投资标的为C企业，在不影响国资

背景大股东控股权的前提下，工银投资对C企业进行增资扩股9亿元，增资资金用于偿还C企业的存量有息负债。投资期限5+N年，其中初始投资期为5年。此外，根据核心企业订单，按比例为供应商提供贸易融资，用于生产或采购商品；供应商向核心企业出售商品后的应收账款债权，也可转让给中国工商银行徐州分行，达到快速融资的目的。

实施市场化债转股后，企业赢来了发展新机遇。一是资产负债结构明显改善，盈利能力进一步增强。C企业实施债转股后，资产负债率降低至80%左右，预计每年为企业节省财务费用约4 000万元，净利润提升约3 600万元。二是充实项目资本金，提升企业竞争力。工银投资为C企业提供长期资金，为公司扩大产能、创新产品开发、零部件建设项目、优化商业竞争策略等方面提供支持。三是公司治理不断改善。中国工商银行徐州分行已向C企业派驻董事1名，积极参与公司治理，加强与企业的深度合作。

中国农业银行徐州分行

银行特色做法

中国农业银行徐州分行深入贯彻落实党中央、国务院关于金融支持制造业高质量发展的要求，将制造业作为服务实体经济的重要阵地和信贷支持的优先领域，不断提升对制造业的金融服务水平。截至 2020 年 9 月末，制造业贷款余额 21.17 亿元，较年初增加 3.42 亿元。

加大支持实体经济力度，助力制造业高质量发展

立足核心骨干企业，根据客户多样化需求，制定综合金融服务方案，激发主导产业活力，持续提升对制造业的金融供给水平，助力实现“六稳”目标。重点加强对装备制造、水泥制造、农副食品加工等与民生相关行业的信贷投放，先后对徐工系企业、维维食品、江苏君乐宝、康盛农业、润客食品等企业给予资金支持。同时，不断拓宽融资渠道，为辖区企业承销直接债务融资工具。

以“一项目一方案一授权”新模式为抓手，优化小微型制造业授信模式

为提升服务实体经济质效，加大普惠金融支持力度，积极推进“一项目一方案一授权”（“三个一”）特色方案，为区域产业集群中的优质小微客户群定制整体服务方案，以创新模式服务小微信贷发展。截至 2020 年 10 月末，已成功完成“贾汪家具制造产业集群项目”“徐州工程机械配件产业集群项目”“徐州沛县粘胶纱产业集群项目”“丰县电动三轮车产业集群项目”等与制造业相关的“三个一”项目信贷服务方案准入 22 个，项目内合作客户 578 户、贷款余额 6.4 亿元，较年初分别增加 161 户、3.2 亿元。

加快发展全线上产品，提升小微信贷便捷度

运用科技赋能，大力发展“微捷贷”“税 e 贷”“抵押 e 贷”等全线

上产品。强化数据挖掘和精准营销，丰富线上办贷渠道，实现与不动产登记部门的信息互联互通，采用"互联网＋不动产登记"方式，提高信贷效率，不断提升服务能力。截至2020年10月末，法人线上制造业贷款客户204户、贷款余额3.81亿元，较年初分别增加89户、2.71亿元。

特色产品1

乡村振兴园区贷

产品简介	本产品是为落实乡村振兴战略和制造强国战略，用于满足借款人在县域范围开展园区运营（含经营性、准经营性、综合改造提升、工业互联网、智慧园区、绿化、公共服务等）和园区建设（包含水电路气暖、通信、厂房、钢结构等）的贷款
产品特点	1. 资金用途多：可以为制造业等园区提供水电路气暖、通信、厂房、钢结构等园区基础设施建设资金，也能为园区经营、智能化升级、绿色环保、公共服务等提供支持。 2. 产品定位准：对客户、项目进行细分，精准定位、精心设计解决方案，申请手续简便、担保方式灵活、审批流程简化、还款方式多样。 3. 综合服务优：成立专业服务团队，为制造园区和企业经营量身定制综合金融服务方案，配套支付结算、现金管理等服务，支持园区成为企业成长的"梦工厂"
准入条件	1. 具备国家规定的项目建设投资主体资格和经营资质。 2. 新建类园区客户所有者权益不低于5 000万元，改造提升类园区客户所有者权益不低于3 000万元，上年度资产负债率原则上不高于75%。 3. 近两年至少一年盈利。 4. 信用等级在A+级（含）以上。 5. 符合环保要求，无环境违法记录，或有环境违法记录但已整改并经有权环保部门认定。 6. 位于国家级、省级开发区内，所在开发区上年度工业总产值不低于200亿元，财政一般预算收入不低于10亿元。 7. 已取得政府有权部门同意项目实施的批复、核准或备案文件（或同等效力文件）。 8. 项目用地、环评等相关手续合法、完备、有效。 9. 项目市场前景良好，经济效益可行，能够产生充足的现金流用于还本付息。 10. 项目资本金比例不低于40%

续表

提供材料	1. 中国农业银行一般固定资产贷款规定的基本资料。 2. 当地政府支持各类园区发展的规划建设、用地保障、管理服务、产权分割转让、入园企业入驻标准等相关政策。 3. 还款来源涉及项目财政补贴收入、运营扶持、建设奖励、评优奖励、集约奖励等财政专项资金的，需提供符合《中华人民共和国预算法》和监管规定的合规文件或协议。 4. 其他相关证明文件和资料
办理流程	1. 企业有园区运营或园区建设融资需求，客户经理进行洽谈对接。 2. 持续跟踪项目成熟度及合法性手续办理情况。 3. 客户经理与企业客户商谈贷款模式。 4. 中国农业银行进行内部评级、分类、授信等审批流程。 5. 审批通过后，中国农业银行承办支行与企业客户签订贷款合同。 6. 开立账户，满足贷款发放条件后进行贷款受托支付
服务渠道	办公地址：徐州市淮海西路 66 号 咨询电话：中国农业银行徐州分行公司部 0516-85932246 丰县支行公司部 0516-89223409 沛县支行公司部 0516-89635817 铜山支行公司部 0516-83401629 睢宁支行公司部 0516-88332221 邳州支行公司部 0516-86223190 新沂支行公司部 0516-88924283 贾汪支行公司部 0516-87715767 泉山支行公司部 0516-85691359 云龙支行公司部 0516-83731200 鼓楼支行公司部 0516-83771507

产品实例 1

乡村振兴园区贷　打造企业成长“梦工厂”

新沂市慧聚医药产业投资管理有限公司成立于 2019 年 5 月 20 日，公司主要经营范围包括：健康产业及医疗技术的投资、开发经营、健康管理咨询；市政基础设施项目投资与管理、土地开发整理；健康产业园区的建设、管理和运营；健康文化项目和企业的孵化等。该公司作为实施主体，负责新沂医药大健康产业园项目的整体开发及运作。

新沂医药大健康产业园位于省级开发区江苏新沂经济开发区内，项目占地 420.3 亩，建筑面积 506 763 平方米，拟建设 28 栋标准化厂房、5 栋辅助楼及部分配套设施。项目资本金 17 471 万元，占比 43.71%；申请中国农业银行项目贷款 22 500 万元，占比 56.29%。

新沂医药大健康产业园 4 区标准厂房项目占地 106.9 亩，总建筑面积 114 958 平方米，拟建设医药生产标准化厂房以及配套的危险品库、固体废弃物仓库共 10 栋建筑物，同时配套建设管网、道路、绿化、停车场等配套设施，项目总投资为 39 971 万元，包括土地费用、建安工程费用、工程建设及其他费用、预备费用、建设期贷款利息等。

2020 年，中国农业银行江苏省分行同意中国农业银行徐州分行对新沂医药大健康产业园 4 区标准厂房项目发放固定资产贷款 22 500 万元，贷款期限 14 年，由新沂市新源资产管理服务有限公司全程全额连带责任保证担保并追加新沂经济开发区建设发展有限公司保证担保，同时落实项目建设用地抵押，待厂房建成并取得不动产权证后，落实项目房产抵押担保。截至 2020 年 8 月 30 日，按照项目工程施工进度，已分两批投放固定资产贷款 16 500 万元。中国农业银行徐州分行通过乡村振兴园区贷产品，为园区建设和企业经营量身定制综合服务方案，配套支付结算、现金管理等金融服务，支持园区成为企业成长壮大的“梦工厂”。

特色产品 2

一项目一方案一授权

产品简介	“一项目”指区域内某一优势行业、特色产业、产业集群或成熟专业市场；“一方案”指在充分调查论证和客户营销的基础上，对某一项目范围内的目标客户群体量身定制的差异化、特色化、综合性整体信贷服务方案；“一授权”指拥有授予一级支行贷款审批和发放权限的银行，在审批整体服务方案的同时，授予分支行相关转授权等，以提升分支行融资服务能力和业务办理效率
产品特点	1. 省分行项目准入、二级分行制定方案和授信审批、一级支行用信决策、二级支行（网点）经营管理的信贷运作机制。 2. 下沉经营管理重心，落地到客户所在网点，由网点具体负责客户营销调查、经营和贷后管理
准入条件	1. 分为优势行业、特色产业、产业集群或成熟专业市场 4 类，其共同特征是在一定空间范围内，同时具备产业集聚、经营成熟和规模优势，且具有良好发展前景。 2. 不同类型的项目准入有不同标准，优势行业、特色产业、产业集群或成熟专业市场均由省分行相关前台部门审核把关
提供材料	借款人营业执照、法人代表身份证、企业和法人代表征信记录、财务报表、经营流水、水电费、纳税记录等
办理流程	1. 法人企业或经营企业主提出融资需求，纳入“一项目一方案一授权”白名单客户。 2. 客户经理与客户进行洽谈对接。 3. 客户经理双人调查，撰写调查报告。 4. 内部评级、分类、授信等审批流程。 5. 审批通过后，承办支行与客户签订贷款合同。 6. 开立账户，满足贷款发放条件后进行贷款自主或受托支付
服务渠道	咨询电话：中国农业银行徐州分行公司部 0516-85932246 丰县支行公司部 0516-89223409 沛县支行公司部 0516-89635817 铜山支行公司部 0516-83401629 睢宁支行公司部 0516-88332221 邳州支行公司部 0516-86223190 新沂支行公司部 0516-88924283 贾汪支行公司部 0516-87715767 泉山支行公司部 0516-85691359 云龙支行公司部 0516-83731200 鼓楼支行公司部 0516-83771507

产品实例 2

"一项目一方案一授权" 助力特色产业发展

邳州板材产业集群主要集中在官湖镇及其周边地区，为省工业和信息化厅公布的全省 100 个中小企业特色产业集群之一。集群内企业主要从事板材加工及相关配套，形成了集木材销售、木结构木制品加工、物流运输、设备制造于一体的完整产业链条，产品应用范围广泛。

国家林业产业示范园区——邳州木制品产业示范园区，集聚企业 1 000 余家，包括：板材深加工企业 426 家，规模以上企业 246 家，配套木材初加工旋切厂 600 多家，板材制造业发展质态稳定向好。在邳州众多优势吸引下，意风家居、华日家居、非同家居、KD 高端定制、楷模木门、闼闼木门等京派家居知名品牌联盟集体入驻邳州，筑建百亿级产业园。

中国农业银行徐州分行主动对接当地政府、示范园区和企业，了解到集群内企业信贷融资总需求约 2 亿元。结合邳州官湖板材产业集群具备生产同质性、经营集约化、地域集聚性的特点，对该集群采用"一项目一方案一授权"模式进行管理，实行批量化授信 1 亿元，集群内准入白名单客户 100 户，其中法人企业 24 户、个人客户 76 户。2020 年 8 月，通过"一项目一方案一授权"模式投放集群内法人企业 8 户，贷款金额 2 800 万元；企业主 71 户，贷款金额 6 900 万元。

通过推进"一项目一方案一授权"工作，实现小微服务由过去传统单一、零散的营销发展模式向批量、专业、高效发展模式转变，在有效提升银行普惠服务水平和风险防控能力的同时，推动邳州市木材上下游产业链不断完善、生产服务水平日趋成熟、产业集群效应逐步凸显，为当地特色产业快速发展增添了新动力。

中国银行徐州分行

银行特色做法

金融支持制造业高质量发展是中国银行徐州分行贯彻落实党中央、国务院、中国银行总行的工作要求，也是持续夯实客户基础、优化授信结构、推动业务可持续发展的重要举措。近年来，中国银行徐州分行立足于挖掘和培育新的业务增长点，多个维度推动制造业授信发展，调整优化资产结构，金融支持先进制造业力度持续加大。截至 2020 年 9 月末，中国银行徐州分行制造业贷款余额 50.96 亿元，较年初增加 4.78 亿元；其中，制造业信用贷款余额 8.47 亿元，较年初增加 2.05 亿元。

落实精准营销，搭建配套机制

加强与徐州市发展和改革委员会、徐州市工业和信息化局、徐州市科学技术局及相关业务主管部门的沟通交流，积极获取先进制造业龙头骨干企业、重点产业链龙头企业、重大工业投资项目等客户清单和项目清单，为拓展制造业客户提供目标，对于针对性营销客户，做到精准营销。

强化考核导向，加强资源配置

将制造业信贷新增纳入机构负责人考核指标，设定制造业整体贷款、制造业中长期贷款和制造业信用贷款三个维度任务目标，并定期通报各支行任务完成情况，提高全辖对制造业信贷投放的重视程度。

明确项目储备，加大信贷供给

通过上级行名单、多渠道推荐等多种方式，加大制造业项目储备的数量和质量，在做好风险管控的基础上，激发工作活力，扎实做好项目投放工作，推动制造业项目落地。

特色产品 1

销易达

产品简介	本产品是在以款到发货、货到付款或赊销为结算方式的交易中，供应链中的核心企业（卖方）为扩大销售、加速资金回笼，对其认可的下游企业（买方）提供授信支持，在卖方同意于买方未按期偿还融资本息及相关费用时承担还款责任的前提下，中国银行全额占用卖方授信额度为买方提供融资，融资款项用于买方向卖方支付货款的业务
产品特点	1. 帮助作为核心企业的卖方扩大销售，减少应收账款，优化财务报表。 2. 通过对核心企业的责任捆绑，向下游买方提供融资便利，缓解资金压力
准入条件	· 买卖双方所在供应链应同时满足以下条件： 1. 供应链完整清晰，产品适销对路，自身具有较强的生命力，在行业中具有较强的竞争力。 2. 卖方在供应链中居于核心企业地位，能够对下游买方进行有效管理，对下游买方有相应的准入、评价和退出机制，并积极配合中国银行实施物流、资金流监控。 · 办理销易达业务的卖方原则上应同时满足以下条件： 1. 所处行业发展前景良好，不得为压缩类行业。 2. 主营业务突出，生产经营、财务状况和产品销售情况良好，管理规范，具有较强的市场竞争力，在行业中排名靠前。 3. 具有持续经营能力，有充足合法的还款来源。 4. 是中国银行重点支持的结算客户，在中国银行办理贸易结算业务一年以上，业务往来正常。 5. 在金融机构无不良授信记录和恶意逃废债行为，在外汇管理局、海关、税务等其他机关无违规记录。 6. 信用评级在 BBB^- 级（含）以上。 · 办理销易达业务的买方原则上应同时满足以下条件： 1. 生产经营和财务状况良好，管理规范。 2. 经卖方推荐，且双方合作在两年以上（若买方在本行业中持续稳定经营三年以上的，与卖方的合作年限可放宽至一年），业务往来正常，以往付款记录良好。 3. 无不良商业履约记录，在金融机构无不良授信记录和恶意逃废债行为，在外汇管理局、海关、税务等其他机关无违规记录。 4. 在业务经办行开立销售回款账户。如买方为贸易型企业，买方应将与融资对应的基础交易项下的销售资金全部回笼至该账户；如买方为生产型企业，买方应将不少于融资本息的销售资金回笼至该账户

续表

提供材料	基础交易合同/订单、税务发票、运输单据等证实贸易背景真实的材料、签订中国银行相应合同文本
办理流程	1. 中国银行与买卖双方签订"销易达业务合作协议"。 2. 买方提交印鉴相符的"销易达业务融资申请书"及贸易背景材料。 3. 卖方提交"销易达业务风险承担函",承诺在买方融资逾期时承担还款责任。 4. 中国银行全额占用卖方授信额度,为买方办理融资。 5. 融资到期,买方正常还款,业务终了
服务渠道	网址:www. boc. cn 办公地址及咨询电话:中国银行徐州分行　徐州市淮海西路 99 号,0516-85608988 云龙支行　青年路 264 号,0516-83736003 泉山支行　淮海西路 255 号,0516-85558811 铜山支行　铜山区北京路 38 号,0516-83312279 鼓楼支行　鼓楼区西阁街 88 号,0516-87727312 开发区支行　金山桥开发区商业街 7 号楼,0516-87793204 邳州支行　邳州市解放路 60 号,0516-86226143 丰县支行　丰县向阳南路 1 号,0516-89222916 新沂支行　新沂市钟吾路 94 号,0516-88920727 睢宁支行　睢宁县人民路 41 号,0516-88384155 沛县支行　沛县汉城南路 1 号,0516-89656925 贾汪支行　将军大街与天华路交叉口南侧,0516-87715970

产品实例 1

助力销售　目标必达

A 公司成立于 2008 年 6 月,是徐工集团投资建设的集机械研发、制造、销售、服务于一体的专业公司。作为徐工集团旗下核心支柱板块,A 公司是徐工集团着力打造的"新拳头"企业,涉及大、中、小型机械生产。企业瞄准国际先进水平,主导产品等效或等同采用国际标准和国外先进标准。

A 公司主要通过全国各地的经销商开展销售,公司在全国共设有数 10 个业务处、超百家规模以上签约经销商、超过 50 家签约大型服务备件维修中心和近 100 家签约备件经销商，销售结算方式包括全额付款、分期付款、融资租赁和按揭贷款等。由于经销商多为普惠金融企业，相较于徐工集团而言，资金实力不强，经销商的回款慢、回款难一直是 A 公司急于优化的问题，企业希望通过金融产品加快回款。

中国银行徐州分行在综合他行同类业务特点的情况下，为企业提供“销易达”产品授信方案，将 A 公司作为核心企业，为其下游的经销商发放融资，定向用于购买 A 公司的产品。

截至 2020 年 9 月末，中国银行徐州分行通过“销易达”产品，共计为 A 公司的多家下游经销商发放约 1.12 亿元的授信资金，均为普惠金融客户。对于 A 公司而言，该产品有效地提升了企业应收账款的回款效率：经销商融资购买的产品，款项可以立刻到账。对于下游经销商而言，该产品提供了便利的融资服务，缓解了资金压力，经销商不需要向银行提供抵押或担保，通过购买徐工集团的产品即可进行融资。

特色产品 2

人　才　贷

产品简介	为响应江苏省“人才强省”战略，加大对人才创新创业的信贷支持，中国银行在与江苏省人才工作领导小组办公室、江苏省财政厅合作的基础上，按照“人才计划全覆盖、获得客户渠道线上化、各级政府广对接，信用贷款惠人才”的业务推广原则，向符合条件的人才企业发放免抵押、免担保信用贷款的授信业务

续表

产品特点	1. 不强制要求企业提供担保、抵押。 2. 单户授信额度最高可达 1 500 万元，贷款利率不高于贷款市场报价利率（LPR）加上 80 BP。 3. 授信品种可为流动资金贷款及表内贸易融资，单笔贷款期限一般不超过 1 年
准入条件	1. 借款人属人才企业，即借款人的领办创办人或第一大股东是属于培养期内的县（市、区）级以上人才计划的人才[人才计划包括：国家级人才计划、江苏省高层次创新创业人才引进计划、江苏省科技企业家培育工程、江苏省"333 工程"等省级人才项目计划，各市、县（市、区）人才办牵头负责的人才计划]。 2. 企业纳税信用等级非 C 级、D 级。 3. 办理人才贷业务的企业还需同时满足以下条件：省级创新创业人才风险补偿贷款业务不接受人才或人才企业向不同银行多头申请；中银人才贷业务支持培养期内的县（市、区）级以上人才计划的人才企业，根据人才计划证书所标注的培养期，确定借款人在中银人才贷业务放款时点仍属于人才计划培养期内，如人才计划证书上未标注培养期，则视为长期有效
提供材料	提供企业基础资料，如营业执照、公司章程、财务报表、银行流水、上下游购销合同、企业及实际控制人夫妇征信、人才计划证书等
办理流程	1. 人才企业须通过线上渠道江苏人才金融线上综合服务平台（网址：zzb. jsjrfw. com），进行人才企业线上验证，选择"中国银行-中银人才贷"产品完成贷款申请操作。 2. 借款人向中国银行提供企业基础材料及人才计划等。 3. 经中国银行审核通过后业务机构与借款人当面签订相关授信合同。 4. 授信发放前借款人落实中国银行授信批复条件、满足合同约定的提款条件，同时借款人应出具"他行无'人才贷'业务项下授信确认函"
服务渠道	网址：www. boc. cn 办公地址：徐州市淮海西路 99 号 咨询电话：0516-85608988

产品实例 2

为人才添动力　助力企业新成长

江苏 B 装备股份有限公司（以下简称"B 公司"）成立于 2014 年 8 月，注册资本约 9 000 万元，是由中科院微电子研究所联合业内资深团队、产业基金共同发起成立的专业微电子装备高科技企业。B公司是中国目前唯一一家能够制造半导体纳米级制版曝光设备的企业，也是中国目前唯一拥有“双台面曝光技术”发明专利的企业。公司主要产品有半导体无掩膜光刻系列产品、激光直接成像设备（LDI）系列光刻机等。目前B公司基于完全独立自主的知识产权，已成功将研制出的光刻设备、电子束光刻设备投放至市场，彻底打破了国外同类产品的垄断局面。

B公司的产品主要根据客户的不同需求进行机型定制，由于光刻机的特殊性，其下游客户在下订单后需要先对机器进行检测，确认合格后才能付款，检测周期一般在3—6个月，造成企业流动资金紧张。不同于传统的实体企业，B公司属轻资产型企业，企业现有抵押物已经抵押给其他机构，难以再提供合适的风险缓释形式，因此通过传统的渠道获得金融机构的授信存在一定难度。

中国银行徐州分行结合企业实际情况，并综合他行同类业务特点，为B公司制定了“人才贷”产品授信方案，不需要企业提供抵押物，只要企业的实际控制人或大股东在江苏省人才办的人才名单中，就可以为企业量身发放融资。

中国银行徐州分行为B公司开辟了绿色审批通道，通过“人才贷”产品为企业核定1 000万元贷款额度，全部为短期流动资金贷款，不需

要企业或者实际控制人提供抵押物，而且相较于市场上3.85%的年融资利率，中国银行徐州分行将年利率优惠至3.75%，为企业节约了财务成本，解决了其作为轻资产企业难以提供合适抵押物的困难，有效帮助企业解决流动资金紧缺的问题，缓解企业的资金压力。

中国建设银行徐州分行

银行特色做法

中国建设银行徐州分行始终贯彻落实党中央、国务院重要指示，主动承担国有大行“头雁”责任，主动融入市委市政府重大发展战略，着力支持制造业高质量发展。

出台差别化政策，加强行业细分

新冠肺炎疫情防控期间，不再对企业财务指标做硬性要求，对客户准入标准给予阶段性弹性安排。重点支持对当地GDP贡献较大的支柱产业，持续加大对传统制造业企业优质客户的贷款支持力度。对制造业企业尤其是小微企业贷款在最大权限范围内降低新发放贷款利率，减少信贷融资收费、降低企业融资综合成本。

全面布局推进新基建，助力转型发展蹚新路

以新发展理念为指引，以技术创新为驱动，积极支持先进制造业和战略性新兴产业集群，梳理重大工业项目，由分管行领导亲自负责，带队逐个项目做好跟踪工作，抢抓新型基础设施建设机遇。着力扩大制造业信用贷款、中长期贷款比例，为蹚出转型发展新路蓄势赋能。

加强联动协同，拓宽融资渠道

除加强信贷支持外，积极通过多种途径加强金融支持力度，助力企业实现多元化融资。2020年，在防控新冠肺炎疫情最严峻的时期，成功落地江苏地区、中国建设银行系统内首单新冠肺炎疫情防控债3亿元。同时，加大网络供应链产品应用，通过徐工集团、维维集团等核心企业支持全产业链条上下游企业近百家。

特色产品1

非金融企业债务融资工具

产品简介	本产品是指具有法人资格的非金融企业(以下简称“发行人”)在银行间市场发行的、约定在一定期限内还本付息的有价证券,包括超短期融资券(SCP)、短期融资券(CP)、中期票据(MTN)、定向债务融资工具(PPN)、长期限含权债务融资工具(PN)、项目收益票据(PRN)、资产支持票据(ABN)、可转票据及其他衍生或创新类产品
产品特点	期限灵活,募集资金用途广泛
准入条件	1. 内部评级要求:原则上评级不低于9级,行业为逐步压缩行业、房地产行业、城投行业(以基础设施代建、土地整理、安置房为主业)的目标客户,不接受9级(不含)以下的例外事项核准申请;行业为非逐步压缩行业且非房地产、城投行业的9级(不含)至11级(含)客户,如对建行综合贡献度较高、确需承销并且属于总行投资银行部核准权限的,项目核准后申报注册前若评级发生变化,需重新按照上述标准进行办理。 2. 外部评级要求:项目在申报核准时必须有明确的外部评级,且外部评级不得低于AA,申报核准时如以预评级结果上报总行的,核准后若实际评级低于预评级结果,则核准失效,项目获得核准后在发行前如遇评级下调,须向总行补充提供评级下调原因及后续影响,评级下调至AA以下,则核准自动失效。 3. 敏感行业客户资质要求:钢铁、煤炭、房地产、城投等行业客户必须满足中国建设银行总行制定的阶段性管理要求
提供材料	参照银行业间交易商协会非金融企业注册表格体系
办理流程	1. 产品注册。在尽职调查的基础上,项目团队应本着真实、准确、完整的原则按注册规则的要求准备主承销商所需注册文件,发行人及相关中介机构在各自职责内完成各自的注册文件,项目团队在完成承销团组建、扫描制作电子版文档、经中国建设银行总行有权签字人审定后组卷报送交易商协会。 2. 债券发行。完成注册后,中国建设银行总行及一级分行按照分工应辅导客户根据资金需求情况制定合理的发行计划,在项目发行时按债务融资工具发行的相关规定指导和协助发行人披露发行文件、通过集中簿记建档系统接受投资者投标、向发行人划付募集资金,并按时向监管机构报备发行文件,经办机构在职责范围内积极配合债务融资工具发行工作
服务渠道	网址:www.m.ccb.com 办公地址:徐州市鼓楼区解放北路1号 咨询电话:0516-83613921

产品实例 1

支持徐工集团成功发行江苏省首单新冠肺炎疫情防控债

徐工集团生产规模大、技术水平高、产品系列齐全，是国内工程机械龙头企业，已连续 30 年保持全国工程机械行业排头兵的地位。“担大任、行大道、成大器”是徐工集团的企业精神。新冠肺炎疫情发生以来，徐工集团始终以高度的社会责任感积极参与新冠肺炎疫情防控，捐款捐物不遗余力，累计为武汉“火神山”“雷神山”两座医院建设、河南“小汤山”医院建设、北京“小汤山”医院建设组织各类施工机械 329 台套，并配备专业操作人员进行全力支持。

在得知徐工集团全力组织生产工程机械和城市消毒抗疫相关设备过程中资金需求较为迫切后，中国建设银行徐州分行立即成立业务攻坚团队，由行领导牵头，营业部主攻，市行及省行部门积极配合，上下协调、积极对接徐工集团，协调发行行、银行间协会及投资人等机构，争分夺秒组织申报发行工作，仅用 3 天时间就完成 3 亿元超短期融资券项目发行，成为江苏省内落地的首笔新冠肺炎疫情防控债，融资利率仅为 2.69％，较 2019 年发行的超短期融资券平均利率低 0.49 个百分点，获得徐州市政府和徐工集团的高度赞扬。该笔资金除用于新冠肺炎疫情防控所需工程机械生产经营周转外，大部分用于补充集团上下游中小微企业营运所需资金，缓解了企业的燃眉之急，中央电视台、《金融时报》对此进行了专项报道。

特色产品 2

网络供应链业务

产品简介	本产品基于核心企业应付账款确权，为供应商提供在线便捷融资渠道，帮助核心企业实现表外融资、延期支付，为子公司提供流动性支持等功能
产品特点	1. 自主选择付款对象，降低采购成本。 2. 操作简便，足不出户在线完成全部操作。 3. 由核心企业所在经办行为全国供应商统一提供服务。 4. 免审批、免过放款中心，放款效率高，最快可实现 T+0 资金到账。 5. 优先信贷规模保障
准入条件	· 核心企业准入条件： 1. 在产业链链条中处于核心地位，具有竞争优势和稳定市场地位、行业（细分行业）排名前列的大中型企业或事业单位，且为中国建设银行供应链融资核心企业白名单客户。 2. 供应链链条完整、清晰，拥有稳定的供应商网络，与其上游链条成员保持稳定、紧密的合作关系。 3. 经中国建设银行评定信用评级为 9 级（含）以上。 4. 经营管理活动规范，拥有相对完善、运行平稳的管理系统，核心企业通过系统直连进行信息交互的，系统应具备成熟的管理技术、运行稳定，系统运维的核心团队应专业专注、具有丰富的从业经验。 5. 符合国家产业政策、环保政策；所处行业稳定，企业效益良好，有健全的经营管理体系。 6. 符合中国建设银行信贷政策及行业名单制管理要求。 7. 在中国建设银行信贷资产分类结果为正常类。 8. 财务状况良好，不存在连续三年亏损、连续三年经营性净现金流为负等风险事项。 9. 信用良好，无不良银行信用记录，无不良商业信用记录。 10. 不存在中国建设银行反洗钱客户身份识别管理制度规定的禁止准入情形或停止业务关系的情形。 11. 在中国建设银行开立基本结算账户或一般结算账户。 12. 中国建设银行认为必要的其他条件。 · 供应商准入条件： 1. 一级供应商需经核心企业进行确认。 2. 经工商行政管理部门核准登记，且如期进行企业年度报告公示。 3. 企事业单位有必要的组织机构、经营管理制度和财务管理制度，企业信息透明度高。 4. 企业有固定经营场所，经营稳定，依法纳税，产品有市场、有效益，具有较强的竞争优势，成长性较好。 5. 具有较好的商业信誉，原则上近两年内无不良信用记录。 6. 不存在中国建设银行反洗钱客户身份识别管理制度规定的禁止准入情形或停止业务关系的情形。 7. 原则上在中国建设银行开立结算账户（特殊情况除外）。 8. 经中国建设银行网络供应链信用评级 e 级（含）以上。 9. 中国建设银行认为必要的其他条件。 · 供应商为核心企业关联公司的，应同时满足下列条件： 1. 核心企业信用等级 1—6 级（含）或由信用等级 1—6 级（含）的控股母公司提供连带责任保证、承诺付款等。 2. 双方贸易背景真实。 3. 交易价格公允

续表

提供材料	中国建设银行授信客户无须提供额外材料
办理流程	· 协议签署： 1. 一级分行在供应链融资业务核心企业白名单范围内，根据客户的实际情况，经过综合分析判断后确定拟合作核心企业开展营销，对于与核心企业达成合作意向且就协议达成一致意见的，与核心企业签署“中国建设银行网络供应链‘e信通’业务合作协议”。 2. 核心企业集中为其下属分子公司办理的网络供应链e信通业务且承担最终付款责任或提供连带责任保证、抵质押担保的，一级分行与核心企业签署“中国建设银行网络供应链‘e信通’业务合作协议”，并提交“甲方承担无条件付款责任的子、分公司名单”，下属分子公司可办理网络供应链e信通业务。对于核心企业提供连带责任保证的，还应与核心企业签署“最高额保证合同”；对于核心企业采用抵质押担保的，还应与核心企业签署相关担保协议。 · 付款承诺函签发、流转： 1. 核心企业在中国建设银行核定的业务合作额度内，向一级供应商签发“付款承诺函”。 2. 该供应商签收后可持有到期收款，也可全部或部分转让。 3. 持有全额或部分金额的“付款承诺函”的产业链供应商均可向中国建设银行提出融资申请。 · 报名或推荐： 1. 持有“付款承诺函”的上游供应商申请办理网络供应链业务。 2. 供应商登录中国建设银行网站（www. ccb. com）、企业网银或服务平台网站在线填写中国建设银行网络供应链业务申请后提交报名申请，并确认“企业信息授权书”“个人信息授权书”（如需）。 3. 核心企业将上游供应商名单及相关推荐信息直接发送中国建设银行，生成白名单
服务渠道	网址：www. ccb. com 办公地址：徐州市鼓楼区解放北路1号 咨询电话：0516-83613921

产品实例2

固本稳链保供应　绿色产业迎春兴

江苏新春兴再生资源有限责任公司主要业务是处置、回收废旧铅酸蓄电池，以及生产销售铅、铅基合金，属于国内大型的废旧铅酸蓄电池综合利用企业。企业产品主要销往国内知名的外资、合资蓄电池生产企业,区域分布主要为长三角、珠三角地区和天津等大型铅酸蓄电池生产工厂分布地区。在长期业务经营过程中,该企业形成了自身相对稳定的客户群体,与国内知名的外资、合资蓄电池生产企业均有长期业务关系,如徐州佳亿电源有限公司、风帆股份有限公司、山东超威电源有限公司、托克投资(中国)有限公司、广州汤浅电池厂等。

2019 年,中国建设银行徐州分行为帮助核心企业保障供给端原材料供应,通过让供应商快速回款,解决部分小微企业生产经营上的困难。基于江苏新春兴再生资源有限责任公司稳定、良好的链条企业关系,在中国建设银行徐州分行的大力支持下,该企业开始尝试网络供应链融资产品——"e 信通",从最初的一家供应商尝试着做起,到目前十余家供应商实现全线上订单融资,供应商融资规模已突破 5 000 万元。

该企业与中国建设银行徐州分行发生信贷业务以来,积极主动归还贷款本息,从未发生本息逾期情况,双方合作日益深入。目前,该企业已使用中国建设银行徐州分行对公网络管理系统进行往来款项的结算,开展了代发工资业务,办理并使用徐州建行票据池、对公结算卡、账单自助服务、企业短信、支付密码器等多种结算产品。

中国建设银行徐州分行一路陪伴和见证了企业的成长,企业的授信规模亦稳步提升,年处理 55 万吨废铅酸蓄电池技术升级项目暨春兴项目二期等工程中都少不了中国建设银行徐州分行的支持。未来,中国建设银行徐州分行将继续加深与江苏新春兴再生资源有限责任公司的合作往来,全力助推企业实现高质量发展。

交通银行徐州分行

银行特色做法

近年来，交通银行徐州分行准确把握徐州市委市政府关于振兴徐州老工业基地、建设淮海经济区中心城市的战略部署，认真贯彻落实中国人民银行等相关部门关于支持制造业、实体经济的工作要求，做好金融配套服务，在控制风险的前提下，充分激发支持制造业和实体经济的活力。从优化体制机制、丰富业务品种、拓宽获得客户的渠道、降低融资成本等方面，多措并举提升金融服务实体经济的质量和效率。

加大考核力度，加速信贷投放

一是充分发挥考核引领作用，加大对制造业贷款投放的考核力度。在绩效考核办法中配置指标专项权重，设置制造业贷款客户净增数、制造业贷款增量、制造业中长期贷款增量等多项考核指标，推动制造业贷款投放。二是加强制造业客户拓展。在工作安排中，不断密切与各区、县政府以及国家级、省级园区的合作关系，结合各地区产业特色，大力拓展高端装备制造等领域的重点客户，依托核心企业，拓展上下游客户，努力做大制造和实体企业基础客户群。三是加强过程管理，提高信贷审批效率。进一步加强公司类客户的项目储备和信贷投放推动工作，通过列示制造业客户清单、定期通报信贷审批进度、省分行预审、重点项目及客户实行“绿色通道”等措施强化推进，逐步落地带动贷款投放。

优化产品组合，助力企业发展

积极推进产品创新，助力制造业转型升级，通过构造一揽子组合产品，有效满足客户需求，为客户创造增值收益。

一是加快产品创新，服务制造业龙头企业。不断加快产品创新和业务拓展力度，为徐州制造业的龙头企业提供境内外一体的链式金融服务。如积极开展供应链融资，创新融资模式，通过产业链金融，以点带面，支持更多链属企业发展；大力推进投行业务，多次通过债券融资解决制造业融资需求；加强境内外业务联动，支持制造业客户“走出去”。

二是创新担保方式，服务制造业小微客户。除信用贷款外，积极创新担保、抵押、质押方式贷款。2019 年上线的线上抵押贷发展迅速，该产品将审批、房产评估移至线上，加快审批效率的同时，免去了客户的评估费用。目前，线上抵押贷余额 4.75 亿元，有余额客户数 524 户。同时，交通银行徐州分行加大与担保公司合作力度，合作客户 24 户，业务余额 1.80 亿元。此外，交通银行徐州分行开发“苏科贷”“知保通”等产品，实现了小微企业担保方式创新。

三是践行“稳企业”社会责任，积极扶持受新冠肺炎疫情影响企业。2020 年，受新冠肺炎疫情影响，个别制造业企业的订单被取消，企业面临复工复产困难和还款困难，需要办理贷款展期业务。交通银行徐州分行积极反应，迅速制定展期方案，帮助企业走出困境。

特色产品 1

苏　科　贷

产品简介	本产品是向拥有至少一项自主专利的科技型小微企业发放的科技贷款。贷款申请客户还可通过在国家知识产权局进行专利质押登记备案，最高可获得同期贷款基准利率 50%的贴息补助，单个项目补助金额最高不超过 30 万元，用以推动徐州市科技创新，促进科技成果转化
产品特点	1. 授信金额可高达 500 万元。 2. 授信期限 1 年。 3. 利率较低

续表

准入条件	1. 借款人为小微或微型企业。 2. 借款人拥有至少一项自主专利。 3. 借款人年销售收入不高于 5 000 万元。 4. 借款人贷款用途应与相应的科技创新活动相关
提供材料	1. 营业执照、开户许可证复印件。 2. 公司章程、验资报告、工商变更备案登记复印件。 3. 法定代表人、实际控制人身份证复印件及基本从业简历。 4. 实际控制人个人征信报告。 5. 企业法人征信报告。 6. 近 3 年的财务报表年报(如有)和近期月报。 7. 授信申请人近 1 年和在手的购销合同、纳税申报表、银行纳税凭证、物流记录等。 8. 授信申请人和实际控制人近期银行流水
办理流程	1. 企业入库——企业登录江苏省科技金融风险补偿资金备选企业库(skd.jspc.org.cn)在线注册并申请入库。 2. 发起融资——企业在线填写贷款申请申报书,具体填写要求请拨打交通银行联系电话 85956921。 3. 业务对接——客户经理与企业对接,上门收集相关材料。 4. 审批放款——银行对该笔业务进行授信审查,审批通过后放款
服务渠道	网址:www.bankcomm.com 咨询电话:营业部 0516-85703450 大客户一部 0516-85608177 大客户三部 0516-85705723 开发区支行 0516-87895563 黄山小区支行 0516-83367298 新沂支行 0516-81639006 邳州支行 0516-86272708

产品实例 1

“苏科贷”让科技为企业赋能

技术的领先就是产品的领先,产品的领先是企业生存之道。技术实现量产少不了资金的支持，但是传统的贷款准入条件很难和企业实际情况匹配。交通银行适时推出"苏科贷"产品，通过客户专利质押登记、风险补偿基金等方式为企业增信，让科技资源与金融资源深度融合，用以推动企业创新，促进科技成果转化。

徐州曹氏化工机械制造有限公司是一家氟化氢化工机械制造企业，生产的设备销往国内20多个省市，占据市场份额的30%。该公司拥有国内先进的生产化工回转炉专用设备，公司成立以来，完成多项国家级及省市重点工程。该公司取得化工回转炉产品的知识产权管理体系认证1项，回转干燥炉相关发明专利1项，相关实用新型专利11项。

该企业产品单价高，生产周期较长，尤其在新冠肺炎疫情防控期间，由于无法及时到需求方安装，回款周期进一步被延长，企业生存压力不断加大。交通银行徐州分行信贷人员在走访该客户后，迅速为该客户制定"苏科贷"授信方案，从开户到审批流程结束仅用了一周时间。同时，为减轻小企业客户融资成本，交通银行徐州分行为客户审批基准利率，并于2020年4月7日为客户发放流动资金贷款400万元，为客户缓解了燃眉之急。

在交通银行徐州分行的支持下，曹氏化工机械制造有限公司成功地将技术转化成产品竞争力，目前已由苏北地区向苏南地区发展。此外，企业积极开展研发，目前已取得专利15项，进一步强化了企业的科技能力，为企业下一步发展奠定了良好基础。

特色产品2

"一家分行做全国"产业链融资产品

产品简介	本产品根据客户产业特点，围绕产业链上的核心企业，基于交易过程向核心企业和其在全国的上下游链属企业、终端用户提供产业链项下贸易金融服务

续表

产品特点	1. 授信用途特定化：授信项下的每一笔提款均对应明确的贸易背景，做到金额、时间、交易对手等信息的匹配。 2. 还款来源的自偿性：产品的设计基础在于授信项下的资产支持，授信偿还归结于资产项下的现金流。 3. 以业务流程控制为核心，注重核心企业、链属企业的经营状况，风险控制覆盖全流程。 4. 操作的封闭性，对资金流、物流全流程管控。 5. 链属企业批量融资，在把控核心企业风险的前提下，高效、批量地为核心企业的上下游链属企业提供融资支持
准入条件	1. 核心企业符合交通银行投向政策与评级准入标准。 2. 链属企业和核心企业有稳定的贸易购销关系，产业链交易金额较大。 3. 核心企业在产业链上处于主导地位，拥有较多的上下游链属企业，对链属企业有较强的控制力或影响力。 4. 核心企业愿意配合银行，开展产业链金融业务合作，核心企业承担风险或协助控制风险，如核心企业担保、付款承诺、差额退款等
提供材料	1. 企业营业执照等基础信息材料。 2. 近3年财务报告科目明细等财务情况。 3. 与链属企业签订的合同等贸易背景材料。 4. 客户经理上门调查具体经营情况。 5. 针对不同行业，银行授信所需的其他材料
办理流程	1. 核心企业将经销商以推荐函形式向交通银行推荐其客户，推荐函以书面形式加盖公章。 2. 实地查访该公司推荐经销商，对符合交通银行贷款条件的客户，经交通银行审核同意后，与经销商签订相关合同、协议等，贷款用途定向支付至该公司。 3. 贷后交通银行将对经销商进行每季度不低于一次的频率查访，了解其经营状况、业务诉求以及与该公司的合作情况，持续完善金融服务
服务渠道	网址：www.bankcomm.com 咨询电话：营业部 0516-85703450 大客户一部 0516-85608177 大客户三部 0516-85705723 开发区支行 0516-87895563 黄山小区支行 0516-83367298 新沂支行 0516-81639006 邳州支行 0516-86272708

产品实例 2

交通银行链金融 “一家分行做全国”

某挖掘机械有限公司成立于 2008 年，目前国内市场占有率为 12%，行业排名第二。

该公司市场遍布国内各地，现有一级产品经销商 60 余户，均为外地的中小微企业。因工程机械行业在销售上赊销比例与账期普遍高于其他制造行业，给该公司带来销售回款的不利影响，也导致下游中小经销商资金压力较大。

为支持下游经销商销售，扩大该公司市场占有率，交通银行徐州分行基于真实的贸易背景，运用“一家分行做全国”特色项目制，与该公司共同建立供应链融资网络，给予供应链项下经销商的产业链授信额。交通银行徐州分行与该公司以及各级经销商签署相关协议，针对该公司的经销商网络对其经销商进行业务合作，担保方式为该公司承担回购担保责任。

2019 年 9 月至 2020 年 9 月末，交通银行徐州分行核定项目制额度 5 亿元，审批链属经销商授信客户 17 户，金额共计 1.39 亿元，提款余额 1.26 亿元。不仅提高了核心企业资金使用效率、缓解回款资金压力，而且为其中小微链属企业提供实质性的贷款支持，进一步缓解了中小微企业融资难、融资贵的问题。项目制运营以来，交通银行徐州分行得到核心企业以及各级经销商的高度评价。

中信银行徐州分行

银行特色做法

制造业是国民经济的根基，是经济高质量发展的重要支撑。中信银行徐州分行坚决贯彻中央对金融工作的要求，积极践行市委市政府以及中国人民银行关于经济社会发展工作的各项决策部署，推出了促进制造业贷款业务高质量发展的15项举措，整合各类资源，加强综合服务和产品创新支持，加大对制造业支持力度，全面提升实体经济服务质效，努力打造有担当、有温度、有特色、有尊严的最佳综合金融服务企业。截至2020年9月末，中信银行徐州分行制造业贷款余额5.27亿元，同比增长179.44%，较年初增加4.14亿元。

完善内部工作考核，提供机制保障

为充分发挥绩效考核的引导作用，中信银行徐州分行新增制定制造业投放的专项考核标准，将制造业企业贷款投放作为客户经理晋升、评级的重要指标，进一步激发一线从业人员工作积极性，引导客户经理加大对接和支持制造业企业多元化融资需求。

全行系统高度重视，健全制度保障

中信银行总分行纪委高度重视金融在支持制造业发展中的作用，制定印发了《关于开展加强普惠金融发展和金融服务制造业监督检查工作的通知》。纪委参与监督全行系统支持制造业发展情况，从高、中级管理层面率先垂范、体现作为，要求全行员工躬身入局，全行上下形成良好的工作氛围。

实施精细化管理，优化授信政策

中信银行徐州分行强化精准营销，有力地推动了制造业贷款尤其是中长期贷款的增长。在业务实践中，将支持措施与客户实际需求精准匹配，将支持制造业与支持企业防疫抗疫、复工复产有机结合，助力产业链协同共振，着力满足制造业企业转型升级融资意愿，为社会经济稳定运行保驾护航。

特色产品

信 E 融

产品简介	本产品是为满足客户“短期、低成本、快捷融资”需求而开发的一款新型全流程线上操作流贷产品
产品特点	1. 在线办理,操作简单放款快。 2. 定价灵活,利率优惠成本低。 3. 随借随还,随心所欲体验佳
准入条件	1. 申请人依法设立。 2. 借款用途明确、合法。 3. 借款人生产经营合法、合规。 4. 借款人具有持续经营能力,有合法的还款来源。 5. 借款人信用状况良好,无重大不良信用记录。 6. 其他条件
提供材料	1. 营业执照。 2. 开户许可证。 3. 法人身份证。 4. 公司章程。 5. 近 3 年及近期财务报表。 6. 其他特殊资料
办理流程	1. 提供必要的材料。 2. 上门调查了解企业情况。 3. 银行内部审批。 4. 审批完成后开立银行账户。 5. 签订相关合同协议。 6. 线上申请提款
服务渠道	办公地址:徐州市解放北路 6 号 咨询电话:18052196565

产品实例

不忘初心勇担当　精准施策惠企业

A 公司是国家定点农药制造骨干企业、中国农药工业 50 强企业和

国家高新技术企业，在中国农业协会百强榜中排名前30位。2019年，A公司并购另外一家农药化工企业后，累计员工人数3 800余人，带动徐州本地就业1 200余人。近年来，公司持续加强对节能环保技术的改造和创新，2019年环保投入约1亿元，实施节能技改项目23项，节电378万千瓦时、节水4.2万立方米、节汽3 100吨，最大限度降低生产运营过程中可能对环境造成的危害。

公司将并购企业并入报表后，融资规模大幅增加，且被并购企业在当地融资利率较高，企业每月均有到期的流动资金贷款，需要腾挪资金归还贷款，一定程度上影响了公司的正常经营。尤其是新冠肺炎疫情发生以来，账款回收情况不容乐观。在了解到此情况后，中信银行徐州分行行长亲自带队了解企业需求，制定融资方案，开通绿色审批通道，仅用10个工作日就完成首笔8 000万元中长期贷款资金投放，较一般贷款审批节省15个工作日；给予优惠利率3.5%，年降低企业融资成本50余万元。同时批复给予公司线上融资产品“信E融”额度7 000万元，可在线上随借随还，融资期限从1天到365天不等，融资利率为3.5%，按实际提用天数计息。

中信银行徐州分行积极响应党中央号召，义无反顾地支持制造业发展。通过中长期贷款+随借随还贷款的产品组合，为公司补充了低成本经营资金，解决了临时性资金短缺的困难，提高了资金使用效率，排除了公司在发展过程中的后顾之忧，得到了公司的高度认可，为公司2020年收入突破50亿元大关增添金融助力。

光大银行徐州分行

银行特色做法

2020年以来，光大银行徐州分行认真落实党中央、国务院关于支持制造业高质量发展的决策部署，着力提升制造业贷款精准性、直达性。截至2020年9月末，全行制造业贷款余额3.63亿元，较年初增长2.15%，金融服务质效稳步提升。

推动产业链协同复工复产

光大银行徐州分行围绕产业链提供综合金融解决方案，支持龙头企业率先复工复产，让产业链上的中小企业积极跟进，形成抱团效应。推出系列特色金融产品，如"1＋N有追索权保理"、工程机械按揭贷款等，产品支持范围涵盖核心企业及其上下游产业链，着力满足全产业链融资需求。截至2020年9月末，全行以徐工集团、维维股份为核心累计投放上游供应商金融产品53笔，金额合计53 024万元；累计投放下游经销商融资产品900笔，金额合计217 800万元。

大力发展普惠金融

光大银行徐州分行致力于扶持小微企业发展，相继出台各项金融政策，通过给予价格优惠、加强线上服务、加大产品创新、完善尽职免责、提高小微企业不良贷款容忍度、出台延期还本付息政策等措施，推进小微信贷增量扩面、提质降本，切实缓解小微企业融资难、融资贵问题。截至2020年9月末，全行普惠贷款余额13.54亿元，比年初增长43.06%，高于各项贷款增速0.6个百分点。

特色产品

1+N 有追索权保理

产品简介	本产品是致力于扶持核心企业上游供应商的保理业务
产品特点	1. 效率高，一般完整流程 1—2 天可提款。 2. 金额足，一般授信金额不超过 1 000 万元。 3. 先进性，拥有自研的“供应链云平台系统”，纯线上申请、审批流程。 4. 期限长，无须担保抵押
准入条件	1. 客户应为正常经营、有一定经营能力的小微企业。 2. 客户需为光大银行徐州分行核心企业上游供应商，并签有长期合同。 3. 客户不得存在欠息、逾期等征信记录，如遇特殊情况可提供情况说明
提供材料	1. 客户基础材料、报表、公司章程等。 2. 客户需向光大银行徐州分行提供征信查询授权书及网上云平台认证注册表。 3. 其他供应链融资及云平台注册资料
办理流程	1. 客户需与核心企业商讨合作事宜，并由核心企业向光大银行徐州分行提供供应商名单，确定合作关系。 2. 客户需来光大银行徐州分行办理一般户开户业务，并领取 UK，由光大银行徐州分行专业人员指导注册线上“供应链云平台”系统。 3. 客户与核心企业线上“供应链云平台”发起关联维护，并由该系统向光大银行徐州分行发起供应链融资。 4. 光大银行徐州分行审核相关材料，确定融资规模、利率等要素后，即可当日放款
服务渠道	办公地址：徐州市青年路 117 号 咨询电话：0516-83617298

产品实例

光大与企业　融资零距离

徐工集团是中国工程机械行业的排头兵，拥有业内领先的产品创新能力和国内最完善的零部件制造体系。由于徐工集团结算量较大，存在延期支付货款或通过银行融资产品调整资金支付账期等现象，导致其上游供应商易形成长期应收账款，资金流受到一定影响。因供应商多为小微企业，银行融资较为困难，严重时可能引发资金链断裂。

针对上述情况，光大银行徐州分行制定上游供应商金融产品服务计划，研发线上供应商融资平台系统，推出了授信品种为“1+N有追索权保理”的“阳光E结算供应链云平台系统”。该业务融资范围可覆盖徐工集团全国供应商，融资规模可提升至10亿元；融资模式由线下银承业务，扩展为线上线下兼并的供应链融资；融资渠道由保证金质押，转变为关联方应收账款转让。

“1+N有追索权保理”极大地解决了核心企业上游小微企业融资难问题，有效保障了徐工集团为核心的上游企业资金链。2020年年初，光大银行徐州分行运用线上供应链云平台“1+N保理系统”，集中投放普惠扶持资金4 500万元，扶持十多家小微企业渡过难关，并通过降低利率、延长融资期限等灵活方式，极大地降低了小微企业综合融资成本，得到了客户的好评。

华夏银行徐州分行

银行特色做法

华夏银行徐州分行高度重视金融支持企业复工复产及“六稳”“六保”工作，加大制造业信贷投放，积极支持实体经济发展。全行提高政治站位，一把手领导亲自抓，一级抓一级，划分责任区，层层抓落实。

优化产品，助力制造业发展

华夏银行徐州分行整合信贷资源，大力支持制造业。截至2020年9月末，已累计为制造业企业投放各类资金23.96亿元，其中表内贷款1.97亿元，表外业务7.99亿元，直接融资14亿元。重点支持了徐工集团、天安化工、维维集团、中能硅业等徐州市主导产业中的龙头企业及上下游中小企业，有效带动了产业链的良性循环运行；充分分析研究企业实际情况，制定综合金融服务方案，设计个性化金融产品，运用“国内信用证＋福费廷”“保险债权投资计划”等产品，为企业提供了成本低、期限长的融资服务。

主动对接，满足多样化融资

华夏银行徐州分行重点关注徐州市重点培育的高端装备与智能制造、新能源、集成电路与ICT、生物医药和大健康四大战略性新兴主导产业及六大传统优势产业，主动对接各个园区，与企业座谈研讨，根据企业实际情况，运用“苏科贷”“银税通”“供应链融资”“国内信用证＋福费廷”等产品，为企业提供个性化金融服务，积极满足制造业客户的融资需求，支持实体经济的发展，为区域经济社会发展贡献金融力量。

特色产品

“国内信用证＋福费廷”业务

产品简介	该产品是华夏银行应国内信用证受益人申请，由华夏银行徐州分行或与华夏银行徐州分行合作的第三方金融机构无追索权地买入因商品、服务等交易而产生的未到期债权的业务。该债权需由金融机构承兑、确认付款、保付、担保

续表

产品特点	1. 提供银行信用支持,信用证一经开出,开证行将承担第一性的付款责任,受益人凭借相符单据即可获得货款,商业信用转为银行信用。 2. 结算方式灵活,支持分批发货,分批付款,允许发货数量、金额在规定幅度内增减,开证后也可对信用证内容进行修改。 3. 加快企业资金周转,符合华夏银行徐州分行授信要求的客户,华夏银行徐州分行即为其对外开立国内信用证,减少客户资金的占用,加快资金周转。 4. 配套融资便利,华夏银行徐州分行可为国内信用证结算买卖双方提供多种融资便利,缓解买卖双方的资金短缺困难。 5. 融资成本较低,信用证项下办理“福费廷”客户的融资成本较同档期流动资金贷款约低 15%。 6. 国内信用证期限可达 1 年
准入条件	1. 存在真实的商品或服务交易关系。 2. 贸易合同约定结算方式包括国内信用证。 3. 资信状况良好,具备到期履行债务能力
提供材料	1. 开证申请书及开证申请人承诺书。 2. 购销合同。 3. 国内信用证开证合同(首次办理时)。 4. 信用证项下有关单据
办理流程	1. 授信申请:申请人(承兑人)向华夏银行徐州分行各级经营单位申请国内信用证贸易融资授信额度。 2. 授信调查:经营机构受理客户申请后,开展调查,对承兑人进行信用调查和客户评价,按照授信程序制定授信方案,申报国内信用证贸易融资授信额度。 3. 授信审批:授信审批部门按照相关规定进行审查审批。 4. 开立国内信用证:授信审批通过后,经营机构与授信申请人签订综合授信合同及“国内信用证开证合同”,出具开证申请书。 5. 办理福费廷:受益人或委托开证申请人向华夏银行徐州分行申请办理国内证项下“福费廷”
服务渠道	网址:www.hxb.com.cn 办公地址:徐州市解放北路 2 号 咨询电话:贸易金融部 0516-85619095 营业部 0516-85619021 淮西支行公司客户部 0516-85619118 云龙支行公司客户部 0516-85619158

产品实例

信用"福费廷"　融资更轻松

徐州钛白化工有限责任公司成立于 2010 年 11 月，位于徐州市工业园区，为上市公司金浦钛业股份有限公司的子公司，所属行业为制造业，吸纳技术人员及劳动力近 500 人，是徐州市工业园重要的实体企业。

企业主要从事钛白粉的生产与销售，生产原材料主要为钛矿石。为保证正常生产经营，企业需采购储备原材料，即企业资金需求主要用于采购钛矿石。

华夏银行徐州分行为企业提供综合授信服务方案，授信业务品种包括流动资金贷款、银行承兑汇票、贸易融资（包括国内信用证）等。在企业申请用信用于采购原材料时，华夏银行徐州分行产品经理团队与企业进行了充分沟通，分析企业生产经营、采购原材料的数量、结算方式及周期、购销合同的条款等情况，为企业选择"国内信用证＋福费廷"产品组合，T 日为买方徐州钛白化工有限责任公司开立国内信用证用于向卖方支付货款，T＋1 日卖方收到国内信用证并委托买方交单、办理"福费廷"业务，T＋1 当日华夏银行徐州分行将"福费廷"资金划转至卖方异地他行账户。开立国内信用证为买方提供了银行信用支持，办理"福费廷"为卖方提供了融资支持，放款时间短，减少了客户资金的占用，加快了合同的履行、企业资金周转，降低财务成本，切实支持实体经济的发展。

新冠肺炎疫情发生后，徐州钛白化工有限责任公司在华夏银行徐州分行的 2 笔授信业务陆续到期，华夏银行徐州分行提前与企业沟通、准备续贷手续，到期后及时为企业办理了续贷，减少企业的资金占用，并使用“国内信用证＋福费廷”产品组合，为企业开立国内信用证 2 650 万元，并于次日办理“福费廷”，企业的综合融资利率较流动资金贷款利率降低约 80 BP。

“国内信用证＋福费廷”属贸易融资产品，华夏银行徐州分行有专业的产品服务团队，为客户提供快捷的个性化服务，为买方提供了银行信用支持，有利于企业原材料采购，保证生产正常运转；实现快速放款，减少了客户资金的占用，降低了企业的融资成本。该产品得到交易双方的高度认可，促进了徐州地区制造业的发展。

广发银行徐州分行

银行特色做法

制造业是国民经济的主体，是立国之本、兴国之器、强国之基。广发银行徐州分行深刻认识到，提升对制造业的金融服务水平、发挥好金融服务制造业高质量发展的“头雁效应”，是落实金融支持实体经济发展要求的重要工作举措。广发银行徐州分行大力支持地方实体经济发展、助力制造业企业转型升级，截至2020年9月末，全行制造业贷款余额28 771.92万元，较年初增长85.29%，制造业企业当年新发放贷款加权平均利率较上年下降1.04%，制造业不良贷款率继续为零，全行制造业金融服务质效稳步提升。

夯实客户基础，强化项目储备

广发银行徐州分行积极与本地制造业企业沟通联络，根据客户需求为其打造个性化金融服务方案，不断提升制造业金融服务水平。广发银行徐州分行公司银行部牵头组织各经营部门，对徐州市主要制造业企业，如高端装备制造企业、新能源企业、新材料企业等进行深入了解，加强优质项目储备。在制造业客群建设方面，一方面与本地制造业龙头企业徐工集团及其子公司的交流与合作不断向纵深发展，另一方面积极探索并实践契合中小制造业企业金融服务需求的合作模式。

优化信贷流程，提高服务效率

广发银行徐州分行着力对内部资源配置进行调整与优化，优选符合国家产业政策、经营管理稳健、财务状况良好、发展前景较好的制造业企业，加快推进授信项目落地。2020年以来，根据新冠肺炎疫情防控形势变化，强化信贷“三查”(贷前、贷中、贷后审查)，积极支持新冠肺炎疫情防控工作，对新冠肺炎疫情防控相关领域的信贷业务开通审查审批绿色通道，对复工复产企业及新开工项目加大支持力度，做好对受新冠肺炎疫情冲击企业的金融支持，帮助企业渡过难关，尽快恢复正常生产经营。

提升队伍素质，打造专业团队

广发银行徐州分行持续加强客户经理队伍建设，加大培训力度，不断提升客户经理素质，全力打造熟悉制造业基本情况、专业素质较高、产品组合运用能力较强的服务团队。各经营部门对制造业企业实行“名单制”营销，优选业务能力强、综合素质高的客户经理进行专业对接，根据客户需求提供专业服务，扎实做好制造业企业金融服务工作。

特色产品 1

商业承兑汇票保贴业务

产品简介	本产品为在广发银行预先核定的授信额度内，承诺对特定承兑人承兑或特定持票人持有的商业承兑汇票办理贴现的业务，即给予承兑人或持票人保贴额度的一种授信业务。按保贴额度申请人不同，可分为承兑人保贴额度和持票人保贴额度
产品特点	1. 申请人灵活，在承兑人保贴额度中，只要承兑人在广发银行全行范围内任何一家分支机构有商业承兑汇票保贴额度的，均可以在广发银行办理保贴业务。 2. 贷款利率较低，2019 年下半年至 2020 年 6 月，广发银行徐州分行商票保贴业务的贴现利率均低于中国人民银行的基准利率。 3. 对企业多方面支持，既支持持票人的资金需求，也支持开票人或承兑人的发展。 4. 办理方式灵活，首笔贴现签订额度合同后，在合同有效期内能够实现全程网上操作
准入条件	承兑人保贴额度项下，承兑人准入条件如下： 1. 为行标大型客户，符合广发银行徐州分行最新授信客户的基本条件和信贷政策，达到广发银行徐州分行信用贷款准入条件，或能提供足额有效的抵押、质押、保证等担保措施。 2. 管理规范，经营正常，财务状况良好。 3. 产品质量稳定，销售渠道稳定，行业地位突出。 4. 产供销关系稳定，采购或销售发生频繁、数额较大。 5. 与持票人(交易对手)的历史履约记录良好，无重大违约事项或重大产品质量问题，未涉及重大未决争议和债权债务纠纷；付款记录正常，未发生拖欠、迟付等情况。 6. 原则上与交易对手不得为关联企业，但经审核贸易背景真实、交易价格合理、资金往来记录与贸易额相匹配的，可审慎介入。 7. 选择广发银行徐州分行为商票的承兑人开户行，与广发银行徐州分行业务往来正常，无不良授信余额。 8. 持票人保贴额度项下，贴现申请人的准入条件达到广发银行授信准入条件，或能提供足额有效的抵押、质押、保证等担保措施

续表

提供材料	1. 企业授信基础材料。 2. 以往贸易合同及税票。 3. 最近3个月流水
办理流程	1. 企业具备真实的贸易背景。 2. 企业向广发银行提出需求。 3. 客户经理与企业客户商定商票保贴模式。 4. 广发银行进行内部审批。 5. 内部评审通过后，广发银行与企业客户签订贷款合同。 6. 开立账户，满足贷款条件后进行贴现发放。 7. 首笔贴现需要签订合同及提供其他法律文本，后期在额度合同有效期内实现网上全程操作。 8. 商票到期后承兑人付款或持票人付款
服务渠道	办公地址：徐州市泉山区淮海西路150号 咨询电话：0516-87895508

产品实例 1

匠心智造铸徐钢　广纳百川助发展

江苏徐钢钢铁集团有限公司成立于2003年9月，为徐州地区钢铁行业整顿后仅保留的两家高炉炼铁制钢企业之一，公司环保合格、市场竞争力强、发展前景良好。公司位于徐州市铜山区利国镇，有着悠久的矿冶历史，矿石以品位高、可选性好、低磷、低硫，并伴有金、银、铜、钴等多种稀有金属而闻名全国，与生铁产品一并被美称为“小本溪”“人参铁”。公司2019年总资产79.53亿元，净资产38.03亿元，实现经营收入103.55亿元、净利润8.1亿

元。公司由于近年来快速发展，迫切需求流动资金，总投资 65 亿元的“徐钢集团高炉装备技改升级产能减量置换项目”更是需要大量的资金支持。

江苏徐钢钢铁集团有限公司 2019 年存量产能为炼铁 248 万吨、炼钢 330 万吨，新项目实施后将新增炼铁产能 180.2 万吨、炼钢产能 96.25 万吨，规模在全国范围来看依旧较小。钢铁制造业在金融机构获得授信普遍存在准入难、门槛高的情况。江苏徐钢钢铁集团有限公司为徐州地区仅保留的两家高炉炼钢企业之一，承担着徐州钢铁制造行业的产能转移任务，公司需要大量的资金来消化产能、加快发展。广发银行徐州分行急企业之所急，在 2020 年以具有真实背景的供应链融资作为切入口，适时给予企业资金支持。2020 年 3 月，企业在建项目进入关键时期，大量自有资金投入项目建设，生产经营资金紧张。广发银行徐州分行上下联动，积极向上级行争取政策，给予该企业的关联公司敞口商票保贴业务授信额度 15 000 万元，缓解了企业的燃眉之急，为企业的高速发展助力。

在广发银行徐州分行的支持下，江苏徐钢钢铁集团有限公司经营向好，截至 2020 年 6 月末，实现经营收入 43.67 亿元，利润总额 3.20 亿元，公司发展情况良好，竞争实力及市场地位增强。

特色产品 2

商业承兑汇票质押融资业务

产品简介	本产品是指在广发银行预先核定的授信额度内，广发银行承诺对持票人持有的商业承兑汇票办理质押融资的业务，即给予持票人授信额度的一种授信业务
产品特点	1. 申请人灵活：只要持票人在广发银行全行范围内任何一家分支机构有票据质押融资额度的，均可以在广发银行办理票据质押融资业务。 2. 贷款利率采用浮动利率方式，可根据 LPR 进行调整，开票手续费较低，目前为 0.05%。 3. 对企业多方面支持：既支持持票人的资金需求，也支持开票人的发展。 4. 办理方式灵活：首笔出账签订额度合同后，在合同有效期内能够实现质押当日出账

续表

准入条件	1. 为行标大中型客户，符合广发银行徐州分行最新的授信客户的基本条件和信贷政策，达到广发银行徐州分行信用贷款准入条件，或能提供足额有效的抵押、质押、保证等担保措施。 2. 管理规范，经营正常，财务状况良好。 3. 产品质量稳定，销售渠道稳定，行业地位突出。 4. 产供销关系稳定，采购或销售发生频繁、数额较大。 5. 与交易对手的历史履约记录良好，无重大违约事项或重大产品质量问题，未涉及重大未决争议和债权债务纠纷；付款记录正常，未发生拖欠、迟付等情况。 6. 原则上与交易对手不得为关联企业，但经审核贸易背景真实、交易价格合理、资金往来记录与贸易额相匹配的，可审慎介入。 7. 与广发银行徐州分行业务往来正常，无不良授信余额
提供材料	1. 企业授信基础材料。 2. 以往贸易合同及税票。 3. 最近 3 个月流水
办理流程	1. 企业具备真实的贸易背景。 2. 企业向广发银行提出需求。 3. 客户经理与企业客户商定票据质押模式。 4. 广发银行进行内部审批。 5. 内部评审通过后，广发银行与企业客户签订贷款合同。 6. 开立账户，满足贷款条件后进行授信资金发放。 7. 首笔出账需要签订合同及提供其他法律文本，后期在额度合同有效期内可实现质押当日放款。 8. 商票到期后承兑人付款或持票人付款
服务渠道	办公地址：徐州市泉山区淮海西路 150 号 咨询电话：0516-87895508

产品实例 2

广发徐挖链融通　质押转赢新发展

徐州徐工挖掘机械有限公司成立于 2008 年 6 月，是徐工集团工程机械有限公司的全资子公司。徐工集团成立以来始终保持中国工程机械行业排头兵地位，目前位居世界工程机械行业第 5 位，是中国工程机

械行业规模最大、产品品种与系列最全、最具竞争力和影响力的大型工程机械制造企业。截至 2019 年年末，徐州徐工挖掘机械有限公司资产总计 147.69 亿元，净资产合计 14.04 亿元，实现营业收入 168.27 亿元，净利润 1.26 亿元。得益于工程机械行业的复苏，公司存在较大流动资金贷款的需求。同时，公司下游经销商融资需求也较为旺盛，需要大量的资金支持。

2019 年，徐州徐工挖掘机械有限公司挖掘机销量为 35 069 台，较 2018 年增加 9 456 台，增幅 36.92%，2019 年公司产销率达到 103.46%。徐工挖掘机械有限公司主要通过全国各地的经销商开展销售，公司在全国共有 101 家年销售收入 1 000 万元以上的经销商。受益于宏观经济趋好、下游需求拉动及设备更新需求增长等因素，公司以及下游经销商均需要大量的资金来周转。广发银行徐州分行发挥产品多元化的优势，提高金融服务的适配度，根据徐工挖掘机械有限公司供应链融资的需求，专门为其推出了"商业承兑汇票质押融资业务"。

该业务是在广发银行徐州分行预先核定的授信额度内，广发银行徐州分行承诺对持票人持有的商业承兑汇票办理质押融资的业务，即给予持票人授信额度的一种授信业务。该业务品种方式新颖，与传统流动资金贷款、银行承兑汇票不同，只要持票人在广发银行全行范围内任何一家分支机构有票据质押融资额度的，均可以在广发银行徐州分行办理票据质押融资业务。因此，广发银行徐州分行以客户具有真实背景的供应链融资作为切入口，适时给予企业及下游经销商资金支持，一方面给予徐工挖掘机械有限公司票据（开票人为经销商）质押融资额度，另一方面直接为下游经销商核定授信额度，缓解了企业及下游经销商的燃眉之急，为企业的高速发展助力。

广发银行徐州分行针对企业流动资金贷款需求量大的特点，2019年给予客户7亿元敞口授信额度，并增加票据质押融资产品，为企业提速助力。同时，2020年上半年广发银行徐州分行上下联动，积极向上级行争取政策，根据下游经销商经营情况和财务情况等为其核定授信额度。截至2020年9月末，广发银行徐州分行已为江西欧捷贸易有限公司、九江徐工挖掘机械有限公司等5户徐州徐工挖掘机械有限公司下游经销商核定了授信额度，累计授信额度19 000万元，累计出账金额9 871万元，有效解决了下游经销商的资金压力，既支持持票人的资金需求，也支持开票人的发展。

广发银行徐州分行积极响应国家号召，对于支持制造业高质量发展，既做到了责无旁贷，更做到了大有可为。通过新增授信与增额授信的介入，以及为徐州徐工挖掘机械有限公司办理的商业承兑汇票质押融资业务，有效缓解了企业及其下游经销商的资金压力，有力地支持了企业的可持续、高质量发展。

招商银行徐州分行

银行特色做法

2020年是招商银行供应链业务大发展的一年，无论是产品配置还是机制引导方面，均为供应链业务支持制造业发展打下了良好基础。招商银行总行推出“全国做一家”模式，鼓励异地机构积极办理本地供应商业务，减少异地供应商开户的麻烦，极大地提高了客户体验感，实现了“一个招行”服务客户的理念。截至2020年9月末，招商银行徐州分行制造业贷款余额6.87亿元。

优化内部考核机制，推广“全国做一家”模式

为鼓励行内上下形成共同服务合力，招商银行徐州分行在考核政策上充分采用双算机制，异地客户在当地开立账户、提供资料、办理业务，主协办行分工合作，既方便了客户，也提高了工作效率。

借助核心客户信用输出，降低供应商融资成本

招商银行徐州分行商票保贴业务利用核心客户的信用输出，解决中小企业融资难问题。同时，有了核心客户的信用背书，中小企业融资成本大大降低。

线上化金融产品，为企业赋能减负

招商银行以科技金融立行，打造全线上化票据贴现业务，从提交到放款仅需几分钟，简便的流程、手续和优惠的价格赢得了客户的信赖。

特色产品1

并购贷款

产品简介	并购贷款是向并购方发放的用于支付并购交易价款的贷款。并购方是指境内并购方企业，或由其专门设立的无其他业务经营活动的全资或控股子公司。贷款金额一般不超过并购交易所需资金的60%，贷款期限一般不超过5年，分期还款。

续表

产品特点	1. 能够满足上市公司及其相关方私有化、境内产业并购、海外战略性并购、混合所有制改革、并购基金、资产分拆、定增/配股、红筹搭建/拆除、远期收购安排等全方面需求。 2. 灵活运用金融市场领域包括高度信心函、融资承诺、保函、杠杆贷款、银团牵头、并购基金、股权直投、夹层基金、过桥融资、并购债在内的 10 项资金来源，满足交易方多样化的兼并收购资金安排
准入条件	1. 符合招商银行徐州分行要求的内部信用评级。 2. 在招商银行徐州分行开户，且接受招商银行徐州分行资金监管要求。 3. 依法合规经营，信用状况良好，没有信贷违约、逃废债务等不良记录。 4. 符合国家产业政策和招商银行徐州分行行业信贷政策。 5. 借款人或其控股股东经营稳健，财务状况良好，在行业或一定区域内有明显竞争优势或良好发展潜力
提供资料	1. 并购双方资料：并购双方的验资报告、公司章程、股权结构、机构设置和人事结构等，近 3 年财务报告/审计报告以及最近一期财务报表，贷款期内并购双方各年现金流量预测表、主营业务、行业地位、竞争优势、发展前景等。 2. 并购项目资料：并购项目情况介绍，包括双方达成的意向书、框架协议、相关会议纪要、战略并购目的，预计并购规模/贷款规模；可提供的担保条件的情况介绍；可行性研究报告，并购涉及的资产评估报告等；并购交易的批复文件；并购方与被并购企业签订的有关文件，如并购方案、合同或协议、原有债权债务处理方案等
办理流程	1. 申请与组建专业团队。 2. 尽职调查与申报。 3. 风险评估。 4. 审批决策。 5. 发放贷款。 6. 贷后管理
服务渠道	办公地址：徐州市云龙区解放路 6 号 咨询电话：0516-83618823

产品实例 1

招行徐工并购贷　助力环境登天门

徐州徐工环境技术有限公司成立于 2015 年 8 月，是徐工集团工程机械股份有限公司旗下全资子公司。公司主要经营环卫机械的研发、制造、销售和服务，垃圾收集、清扫、清运、处理服务，垃圾资源化利用项目运营及技术服务等。

2017 年 7 月，湖北省天门市政府与徐工集团签署战略合作协议，支持徐工集团在天门市及湖北省区域开展环境服务运营等项目。2018 年 1 月，徐工环境技术有限公司代表徐工集团与天门市城投公司签署对大象公司的增资协议，天门市城投公司和湖南天城置业发展有限公司所持大象公司资产作价 13 200 万元，分别占股 28%和 2%，徐工环境技术有限公司拟增资 30 800 万元，占股 70%。增资后，标的公司名称变更为徐工湖北环保科技股份有限公司。增资项目总投资 30 800 万元，其中，投向固定资产部分 13 500 万元，其余部分为接收厂区整合、补充生产所需流动资金使用。根据徐工集团并购业务需求，招商银行徐州分行专门为其推出并购贷业务。

该项目标的位于湖北省，距离徐州较远，因管理困难，异地项目并非银行首选目标。招商银行从与徐工集团的长远合作出发，从支持国家发展制造业战略出发，经过攻坚克难，最终争取到总行授信审批支

持。同时，基于徐工集团的信用，招商银行优化了授信方案，该项目贷款仅要求母公司徐工集团工程机械股份有限公司担保，无须房产土地抵押、无须股权质押，节约了企业操作成本，方便了并购业务的开展，方案得到了企业的认可，在多家银行的诸多方案中脱颖而出。本次授信，招商银行从分行到总行均较支持，授信申报仅用 1 个多月时间即获得总行批复，为企业并购做好了前期资金准备。

2019 年 6 月，首笔并购贷款 5 000 万元到位；2019 年 9 月，第二笔资金 10 000 万元到位，累计投放 1.5 亿元，满足了企业的并购需求，促进并购顺利完成。有了招商银行并购贷款的助力，徐州徐工环境技术有限公司在原大象公司的基础上组建合资企业，成立了徐工湖北环保科技股份有限公司。徐工环境技术有限公司的入主，使合资企业产品在技术上迅速达到国内先进水平，成为具有性能价格比最优、市场竞争力最强的产品，提升了徐工集团产品在目标市场的竞争实力。一期投资主要在大象公司基础上进行必要的投资改造，形成年产 1 000 台套环卫产品的生产能力。二期投资在一期基础上根据合资公司生产销售情况及对未来发展的预期，新建厂房、涂装线，购置自动化生产设备等，进一步扩大产能，形成 6 000 台套环卫产品的生产能力，徐工集团在湖北省及周边的市场进一步巩固。

特色产品 2

商票保贴

产品简介	本产品是指商票的持票企业在票据到期日前，申请占用商票承兑人（或前手背书人）在该行的授信额度，为取得资金贴付一定利息，将票据权利转让给招商银行徐州分行的票据行为
产品特点	1. 相对银行承兑汇票，出票人可以节省保证金和承兑手续费，节省资金和节约财务费用。 2. 保贴人（供应链核心企业）可以充分利用闲置的授信额度，为供应商提供融资。 3. 贴现人在银行难以获得授信时，可借用核心企业信用获得融资
准入条件	核心企业作为保贴人必须为该行总分两战客户、区域龙头企业，行业主要为军工、装备制造、医药、建筑施工等。贴现人为核心企业的上游供应商

续表

提供资料	核心企业(保贴人)需提供同意占用授信的申请书 贴现申请人需在招商银行徐州分行开户,签约网上银行、开通票据管家功能,提供首次贴现所需材料(主要包括三证合一的营业执照、纳税申报表、近期财务报表、贴现业务协议等),并提供本次贴现所基于的与前手的贸易背景证明资料
办理流程	1. 在线或线下提交贸易背景资料、保贴人同意占用授信额度的申请书。 2. 在线提交拟贴现的商业承兑汇票。 3. 审核审批。 4. 冻结额度。 5. 贴现放款
服务渠道	办公地址:江苏省徐州市云龙区解放路6号 咨询电话:0516-83618823

产品实例2

招行商票保贴　满足企业全方面需求

江苏华电铁塔制造有限公司隶属于世界500强企业国家电网公司,公司主营业务包括普通货运,1 000千伏及以下铁塔、构支架、通信塔、电视塔、螺栓的加工和销售等。该企业集团化运作特性明显,结算方式相对较固定,有银行承兑汇票、商业承兑汇票、信用证,所有付款计划均在月初由集团统一审批,因此付款效率较低、手续较烦琐,供应商体验较差。

招商银行徐州分行在了解企业情况之后,认为“商票保贴”业务能满足其对流程、效率和价格的需求,向其推荐“商票保贴”

业务。2020 年 5 月，该企业提供了首批供应商名单，包括徐州市纵横物资有限公司等 2 家企业。招商银行徐州分行小企业团队立即上门服务，为其配置网银功能，指导操作流程，次日上午核心企业开出商业承兑汇票，线上审批贴现到账。

2020 年，招商银行徐州分行为江苏华电铁塔制造有限公司授信由 5 000 万元增至 8 000 万元，其中江苏华电铁塔制造有限公司已使用信用额度 2 500 万元，其供应商使用信用额度 550 万元。

招商银行徐州分行“商票保贴”业务有效解决了核心企业供应商融资难问题。部分供应商由于规模较小，在银行单独授信较为困难，通过“商票保贴”业务，只要核心客户在招商银行存在授信，其供应商便可以共用授信额度，有效缓解了企业及其下游经销商的资金压力，有力地支持了企业的可持续、高质量发展。围绕核心客户开展“1＋N”供应链业务是破解小企业经营困难的有效路径，也是提升战略客户贡献、增强合作黏性的必由之路，而“商票保贴”作为供应链融资产品之一，在拓展供应链 N 端客户商方面凸显了优势。

浦发银行徐州分行

银行特色做法

浦发银行徐州分行坚持以服务徐州地区经济建设和中小企业经营为己任，努力助推徐州市制造业企业高质量可持续发展。截至2020年9月末，浦发银行徐州分行表内外融资总额228.76亿元，对公表内外融资合计(敞口)151.96亿元，其中制造业企业融资42.5亿元，占比27.97%。全行实际贷存比达到152.3%，信贷投放远高于各项存款。

抓好政策落实，增强服务实体能力

秉承“以客户为中心”的服务理念，坚定不移地回归本源服务实体经济发展，通过直接融资与间接融资的优势组合，不断丰富表内外信贷服务，拓宽企业融资渠道，大力支持全市制造业企业发展。特别是通过表内转表外、间接转直融的方式，积极推进当地龙头制造业企业直接发债融资业务置换部分间接融资，有效降低了企业融资成本，对区域先进制造业企业信贷支持力度有增无减。

多举措全方位支持企业复工复产

大力发展制造业企业工程机械按揭，为某制造业核心企业终端销售融资创新性地开通“浦银快贷-企业设备贷”业务。2011年以来，该业务一直是浦发银行全行高度重视并坚定发展的一项供应链融资业务，累计贷款金额超过77亿元，有力支持了企业销售回款和终端业主的融资需求。新冠肺炎疫情防控期间，浦发银行徐州分行对受新冠肺炎疫情影响的按揭终端客户给予贷款展期，对2020年申请办理贷款展期业务的客户，百分之百实施延期还本付息。

持续做好“稳企业、保就业”工作

新冠肺炎疫情防控期间，浦发银行徐州分行积极走访实体制造业企业，在企业担保贷款出现关注及抵押物价值下降的情况下，坚持不抽贷、不断贷。如新沂市某传统化工制造业企业受新冠肺炎疫情及外贸行业影响，暂时出现资金短缺困难，浦发银行徐州分行顶住内外环境压力，主动现场调研企业生产经营，了解企业实际需求，积极向上级行争取保持存量贷款，努力为困难制造业企业纾困。

做好小微企业让利减费金融服务

积极响应监管工作要求，严格执行“两禁两限”，即对小微企业贷款禁止收取承诺费、资金管理费，严格限制收取财务顾问费，明确由浦发银行徐州分行承担小微企业抵押品财产保险费用支出。

特色产品 1

浦　科　贷

产品简介	该产品为抗击新冠肺炎疫情相关的研发类科技中小企业，涉及新冠肺炎疫情防控物资、医药装备生产的科技型生产中小企业以及受新冠肺炎疫情影响暂时面临资金周转困难的高新技术企业、科技型中小企业提供信贷支持
产品特点	1. 由省和地方安排风险补偿专项资金。 2. 用于补偿银行在支持科技型中小微企业过程中所发生的贷款损失。 3. 以低息贷款支持具有创新能力和自主知识产权的科技型中小微企业
准入条件	1. 注册在江苏省(不含苏州分行辖区)的独立法人资格企业。 2. 符合工信部标准的小型、微型企业，且不存在浦发银行禁止准入情况。 3. 成立年限在 3 年以上(含)或实际控制人的从业经验在 5 年以上(含)。 4. 借款人主营业务清晰，征信记录良好，企业及其法定代表人或实际控制人、主要股东信誉良好，征信记录 3 年以内无不良记录，无逾期、欠息、垫款等；未涉及诉讼、劳动纠纷或其他重大事件。 5. 借款人需拥有专利和软件著作权、集成电路布图设计专有权、植物新品种、新药证书等自主知识产权。 6. 借款人需为银行认定的科技型企业
提供材料	1. 协议签署：各经办机构与江苏省生产力促进中心及各地方科技主管部门签署三方协议。 2. 加入备选企业库：企业通过“苏科贷”信息系统填报入库申请，地方科技部门审核。 3. 完成备案手续：线上企业填报，银行申请备案，地方科技部门备案，省中心备案；线下提交银行备案申请表(原件)、借款合同(原件)、借款借据(复印件)、地方备案意见(原件)

续表

办理流程	1. 入库,注册登录后,更新填写企业信息,并上传相应的附件,保存提交。 2. 按照要求填写申报书。 3. 企业提交—银行对接—银行审批—企业确认—银行备案—地方科技部门备案—省中心备案。 4. 地方科技部门备案通过后,企业携带相关材料先到银行办理手续,再至省中心。 5. 银行下款,在系统中录入数据,企业还款后制作结清告知书,以便企业申请下一笔贷款
服务渠道	网址:www. spdb. com. cn 官方客服电话:95528 咨询电话及办公地址:营业部 0516-85905687,徐州市淮海西路 29 号 邳州支行 0516-86272626,江苏省邳州市解放东路 63 号 新沂支行 0516-81638872,江苏省新沂市钟吾路 167 号

产品实例 1

精准助力科技企业复工复产　浦发银行“浦科贷”在行动

新冠肺炎疫情发生以来,浦发银行通过完善服务机制,多措并举助力中小微企业复工复产,确保金融活水不断。2020 年 2 月,浦发银行与江苏省生产力促进中心合作推出“浦科贷”专项融资服务,助力科技企业抗击新冠肺炎疫情。

“浦科贷”的支持对象为抗击新冠肺炎疫情相关的研发类科技中小企业,涉及新冠肺炎疫情防控物资、医药装备生产的科技型中小企业,以及受新冠肺炎疫情影响,暂时面临资金周转困难的高新技术企业、科技型中小企业。江苏省生产力促进中心充分利用与江苏省 58 家创新园区建立的合作通道,搭建线上融资平台,向企业精准推送,实现“浦科贷”的精准对接,加快推进各项政策落实,做好融资支撑服务。“浦科贷”产品推出后,一批科技领军企业、瞪羚企业、高新技术企业先后与浦发银行进行服务对接。

为加快产品推广,浦发银行徐州分行分管行长亲自带领客户经理上门实地拜访客户,了解客户的实际经营情况,提供金融服务方案。如徐州某机械有限公司为江苏省高新技术企业,在得知该企业融资需求后，浦发银行徐州分行快速上报授信材料，将企业授信纳入“浦科贷”绿色审批通道。在南京分行科技金融中心的协调下，前中后台高效沟通、相互协作，顺利完成授信审批，发放贷款1 000万元，有效缓解了企业的燃眉之急，为科技企业防控新冠肺炎疫情助力。又如江苏某生物医疗科技有限公司为2015年入选徐州高新区瞪羚企业，防控新冠肺炎疫情期间，该企业被列入重点药品及医疗器械生产企业名录，公司的产品监护仪、血氧仪等被列入抗击新冠肺炎疫情重点医疗器械目录。在了解企业基本经营状况、负债情况、融资诉求及担保措施后，浦发银行徐州分行为该企业出具“浦科贷”融资方案，在风险可控的前提下，适度降低授信业务担保要求，充分有效满足企业融资需求。最终，在5个工作日获得新增授信1 000万元的批复意见，担保方式为信用。

“浦科贷”作为浦发银行在防控新冠肺炎疫情期间推出的创新金融产品，为相关企业抗击新冠肺炎疫情、实现持续生产提供了强有力的金融支持。浦发银行徐州分行高效的办事效率以及专业的服务方案为客户缓解了燃眉之急，获得了客户的高度好评及认可。

特色产品2

徐工设备贷

产品简介	本产品是在徐工集团和下属各主机厂及其指定经销商共同提供代偿及回购担保等风险缓释措施的基础上，通过浦银快贷平台，为向核心卖方及其指定经销商采购设备的小微客户提供在线贷款的互联网融资模式[所称设备包括各类通用器械设备和工程机械车辆(含营运车辆)]
产品特点	无须抵押担保
准入条件	1. 借款人当前年龄大于20(含)周岁且小于65周岁(含)。 2. 借款人个人征信记录当前无任何逾期欠款记录。 3. 购买或租赁徐工设备车辆行为及价格真实。 4. 借款人在浦发银行不得有未结清的无担保个人经营性贷款。 5. 借款人在前期业务中核心厂商垫款不得超过2次。 6. 已与核心卖方或其指定经销商签订有效购销合同或协议，并已缴纳首付款；首付款比例原则上不得低于购买设备总价的20%

续表

提供材料	1. 借款人及其配偶(如有)的身份和户籍证明材料。 2. 借款人的婚姻状况证明材料。 3. 购买合同或协议,已支付足额首付款的证明、发票,产品合格证等。 4. 还款能力证明材料,包括但不限于机械设备的租赁或施工合同、银行流水、家庭资产证明、营业执照(如有)、挂靠协议(如有)等。 5. 徐工及其经销商出具的代偿及回购担保承诺函(经核保)。 6. 浦发银行需要收集的其他资料
办理流程	采取离线商务模式(O2O),线下调查、审批,通过网贷系统线上发放贷款,也有部分贷款沿用传统业务流程
服务渠道	徐工授权的经销商、主机厂或直接到浦发银行网点办理

产品实例 2

“徐工设备贷” 再创合作新篇章

“徐工设备贷”是金融服务徐工集团及其上下游小微企业的重要项目,2011 年该业务开办以来,一直受到浦发银行徐州分行的高度重视,并得到坚定发展。近 3 年来,浦发银行徐州分行积极响应国家号召、充分贯彻总行和分行关于服务实体经济、支持“两小”(小企业、小微企业)经济发展的工作总要求,主动作为、精准发力,逐年增加信贷投放规模,努力满足徐工集团终端用户的按揭融资需求,在一定程度上有效地支撑了徐工集团的销售,也解决了小微企业购买徐工集团设备的资金来源问题。截至 2020 年 9 月末,浦发银行徐州分行已累计为徐工集团发放“徐工设备贷”6 966 笔,贷款金额 77.02 亿元。

特别是 2020 年以来,面对突如其来的新冠肺炎疫情,浦发银行徐州分行党委在春节过后第一时间紧急采取了积极的应对措施,通过与徐工集团主要按揭合作单位在线工作交流、组织内部讨论分析,快速形成了与徐工集团同呼吸、共命运的发展共识,判明了新冠肺炎疫情将给企业未来发展带来新的契机,便迅速采取降低贷款利率、减轻小微客户融资成本、支持徐工集团复工复产的积极应对措施。

在新冠肺炎疫情得到有效防控之后,浦发银行徐州分行积极协调

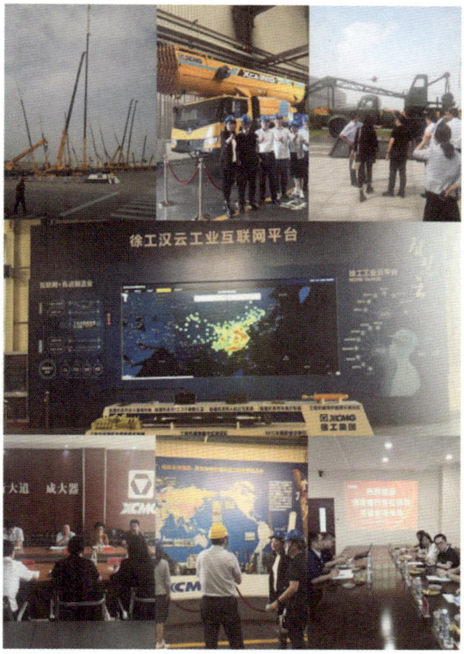

总、分行领导连续多次走访徐工集团业务合作单位，深入调查了解客户实际需求，坦诚交流分析双方业务合作中存在的难点、痛点问题，并重点围绕徐工集团销售人员和终端用户反映的实际困难和问题，提出了具体的解决方案，很快解决了部分流程、系统以及审批权限等影响双方业务合作中的具体细节问题，从而有效保障和促进了 2020 年的业务发展。截至 2020 年 9 月末，浦发银行徐州分行为徐工集团累计发放“徐工设备贷”1 264 笔，贷款金额达到 14.48 亿元，超过 2019 年全年的贷款投放规模。

目前，“徐工设备贷”业务主要为核心企业下游小微客户提供设备购买融资服务，由徐工集团和经销商承担回购担保责任，并提供按揭贷款金额 10％的回购保证金保证担保，贷款比例最高 8 成，贷款期限原则上不超过 5 年，对浦发银行总行特批的部分主机厂的大吨位、高端设备的贷款期限最长不超过 8 年。该产品也将为其他核心企业及上下游小微企业与银行实现合作共赢提供一条新的思路。

平安银行徐州分行

银行特色做法

2020年以来，尤其是新冠肺炎疫情发生以来，平安银行徐州分行积极贯彻落实市委市政府及监管部门各项决策部署，积极与各类制造业企业对接联系，调研了解制造业企业在新冠肺炎疫情防控期间生产经营中的实际困难，坚持具体问题具体分析，利用各项政策、各种产品为企业纾困解难。

专注做小做微，开辟制造业企业贷款蓝海

2020年以来，平安银行徐州分行利用科技手段，高效审批制造业小微企业金融服务方案，加大对制造业小微企业金融服务的激励考核，单独配备人员，采取多种措施，努力优化制造业小微企业金融服务。截至2020年9月末，普惠小微企业贷款余额为6.99亿元，比年初增加2.65亿元。在业绩考核中提高小微企业贷款业务考核权重，提高经营机构小微企业贷款的投放占比。对于小微企业贷款业务，抵押评估费及抵押登记费均由该行承担，免除提前还款违约金，阶段性开展“新一贷小微贷‘7天利息减免’”优惠活动，小微企业融资过程中除利息外不收取任何其他费用。

科技金融赋能，突破传统贷款模式

平安银行推出线上网络融资产品“中小企业征信数据贷”(KYB)，它是平安银行依托供应链金融、互联网金融、中小企业金融服务等多方面的实践经验，引入人工智能、机器学习等最新技术，集成平安集团大数据资源整合能力，构建的一套服务于中小企业的数据征信金融服务体系，实现互联网金融＋大数据风控＋自动化审批＋提还款全线上化，在商业模式、产品设计、客户体验和营销方式上均有所创新，解决了部分制造业企业融资难题。

在产品作业模式上，KYB通过科技手段实现线上申请和系统自动

审批。银行通过大数据来确认企业的经营情况，客户无须提供烦琐的授信资料即可申请贷款；客户经理不再需要频繁往返企业进行产品推介和调研，也不需要盲目、程式化现场勘查，在一定授信金额内依托大数据模型实现系统自动化审批，大大提升作业效率。

在产品风控上，KYB不再强调企业财务报表和流水表现，而更多地关注通过第三方渠道获取的真实、有价值的企业经营数据，利用数据建立数理模型，判断企业的违约概率，从而对客户授信进行风险判断。

在客户体验上，为方便中小企业客户随时随地进行融资申请，KYB产品简化流程，无须客户经理指导客户也能够独立完成申请，只临柜一次即可完成开户、面签、放款等一系列环节。

特色产品 1

宅抵贷

产品简介	本产品为向符合条件的自然人发放的，以借款人具备合法所有权和支配权的房产作为抵押担保的授信产品。借款客户群重点面向小微企业主和个体工商户，为此类客户群解决在经营过程中长期存在的融资难题。贷款用途可分为消费类和经营类
产品特点	1. 标准方案快速授信，简化贷款申请材料，实现快速放款。 2. 模式多样、使用方便，客户可申请单笔贷款或循环额度授信（长达10年），随时提款，循环使用，不使用不计息，避免贷款期限错配问题。 3. 多渠道服务、方便快捷，客户可通过平安银行网点、网银、手机银行等多渠道进行放款查询、还款等。 4. 还款方式多样，可选择先息后本、等额本息、等额本金、双周供、轻松还等多种还款方式，防止客户收入错配问题
准入条件	1. 征信评分（内部系统核定）符合要求。 2. 抵押物在本市。 3. 借款人工作或经营注册地在本市。 4. 借款主体若为经营者，必须连续经营且持股1年以上，并拥有固定经营场所，经营涉及行业不属于平安银行徐州分行规定的行业负面清单，不涉及“两高一剩”行业。 5. 借款负债和收入比例及抵押物条件符合准入要求
提供材料	身份证明、婚姻证明、收入证明、抵押房产证明等

续表

办理流程	贷款受理—调查—审批—面签—抵押—放款(总体流程约 5 个工作日)
服务渠道	手机软件:平安口袋银行手机软件(App) 办公地址:徐州市泉山区西安北路 2 号 咨询电话:0516-85580691

产品实例 1

"后疫情时代"助力小微制造的尝试

江苏浩邦变压器有限公司是一家专门从事电力变压器及其配套产品生产、开发、销售的高新技术企业。公司成立于 2015 年 3 月 11 日,位于徐州东郊张集工业区,注册资金 5 050 万元,占地近 100 亩,工人近 100 人。新冠肺炎疫情发生以来,企业面临工人回厂复工困难、产品销售不畅、资金链紧张等问题,为应对市场变化,急需融资改善企业经营状况,以求在激烈的市场竞争中做大做强。

2020 年 8 月,平安银行徐州分行进行实地调研走访,与企业负责人进行了深入沟通,得知江苏浩邦变压器有限公司需要资金体量并不大但时间紧,希望获得长期稳定贷款。经了解,该企业负责人名下有可供抵押住房,平安银行徐州分行根据企业诉求进行针对性分析,最终确定向其提供"宅抵贷"融资产品方案。该方案可为该企业负责人个人提供 148 万元融资额度,期限 10 年,年利率 5.65%。按照"轻松还"方式,该企业负责人每年归还利息及本金的 5%,到期后一次性归还剩余本金;企业资金充足时可随时提前还款且不收违约金,企业可在授信额度有效期 10 年内循环使用。此外,该产品办理手续简单,从资料齐全到贷款发放仅需 5 天,效率非常高,较一般信贷产品节约近一周时间。

贷款的发放有效缓解了企业资金紧张现状，为其在激烈的行业竞争中提供了有力的资金支持。目前，企业生产已走上正轨，产能稳步提升，员工就业情况进一步稳定。该产品获得了客户的高度认可，客户体验非常好，"宅抵贷"融资产品为企业提供了适销对路的融资支持，也帮助制造业小微企业复工复产，为经济持续发展提供活力。

特色产品 2

抵押 E 贷

产品简介	该产品是在特定商圈向拥有稳定连续经营收入且具备特定条件的小企业客户发放贷款。在合理测算经营主体所需流动资金的前提下，借款人以自有的"住房"做抵押，贷款用于经营主体正常经营周转
产品特点	1. 申请条件宽泛，个体工商户、法人企业股东、企业连续经营并拥有固定经营场所均可。 2. 额度高，最高额度可达 2 000 万元。 3. 期限长，最长授信期限 20 年。 4. 房产准入条件广泛，住宅、商铺、写字楼均可，自有或配偶、成年子女、父母、用款企业等所有均可。 5. 还款方式灵活，净息还款、等额还款等多种还款方式供客户自主选择，支持随借随还。 6. 审批效率高，全程线上化流程，最快 1 天即可完成审批
准入条件	1. 征信评分(内部系统核定)符合要求。 2. 抵押物在本市。 3. 借款人工作或经营注册地在本市。 4. 借款主体若为经营者，必须连续经营且持股 1 年以上，并拥有固定经营场所，经营涉及行业不属于平安银行徐州分行规定的行业负面清单，不涉及"两高一剩"行业。 5. 借款负债和收入比例及抵押物条件符合准入要求
提供材料	身份证明、房产证明、企业资料、信用证明、还款能力证明
办理流程	贷款受理—调查—审批—面签—抵押—放款(总体流程约 5 个工作日)
服务渠道	手机软件：平安数字口袋 App 办公地址：徐州市泉山区西安北路 2 号 咨询电话：0516-85586020

产品实例 2

平安银行“抵押 E 贷” 助力企业改造升级

江苏坦途专用汽车制造有限公司主营业务为特种车辆制造与销售，企业经营情况良好，销售收入稳定。

为扩大生产需要，企业新购置土地、建造新厂房及办公楼，资金周转紧张。平安银行徐州分行客户经理了解到企业有资金困难后，立刻着手上门拜访并收集材料。实地拜访期间，平安银行徐州分行客户经理充分了解企业实际经营及资金困难情况，获悉该企业负责人的儿子名下有一套位于徐州市中心的商品房后，为该企业负责人匹配了“抵押 E 贷”产品，并于当日 16 时 18 分将贷款材料扫描上传至“小微金融服务平台”，由总行集中作业中心小企业信贷作业中心进行全程线上化审批作业。第三天 15 时 57 分审批通过，该企业负责人获得授信 121 万元，授信期限 10 年，可自主选择净息还款、等额还款等多种还款方式。平安银行徐州分行为该企业解决了融资问题。

特色产品 3

税　金　贷

产品简介	本产品是以企业纳税及纳税行为数据为授信依据，面向诚信纳税的中小企业或企业主发放的自然人互联网信用贷款。
产品特点	1. 贷款条件少：纯信用，免担保，轻松突破融资瓶颈。 2. 线上操作易：线上申请及操作，申请流程简单便捷。 3. 放款速度快：最快 1 天放款，快速高效。 4. 还款灵活：支持随借随还、期供两种方式还款。 5. 贷款额度高，最高额度 100 万元，满足中小企业临时性用款需要

续表

准入条件	1. 法定代表人(必须为股东)或者企业的前两大股东(持股≥30%)。 2. 企业成立满2年,且不属于禁止类行业,企业为增值税纳税人(含一般纳税人和小规模纳税人)。 3. 企业近2年任一年度增值税纳税额不为0,且近12个月税务方面不存在逾期未缴款信息
提供材料	营业执照等企业基本信息、申请人基本信息
办理流程	线上申请—系统跑批—面核面签—放款(材料齐全1个工作日即可完成)
服务渠道	手机软件:平安数字口袋 App 办公地址:徐州市泉山区西安北路2号 咨询电话:0516-85586020

产品实例3

平安银行KYB懂你、成就你

平安银行KYB体系主推两类产品:KYB中小企业信用贷(包括“发票贷”“税金贷”)及KYB产业链融资产品。其中,利用KYB中小企业信用贷(“税金贷”)支持制造业企业有效提高企业融资获得率。

客户蒋龙忠,名下企业为徐州金达工程机械有限公司,位于徐州市经济开发区,主营业务为工程机械及配件制造、销售、维修、租赁。客户因业务发展需要存在流动资金缺口。平安银行徐州分行于2020年1月4日获悉客户需要资金支持的请求,积极与客户联系,在了解到客户公司年纳税额近40万元的情况后,当即为客户匹配KYB产品。协助客户及时通过线上提交贷款申请,客户于1月6日将材料上传完毕、当日获批KYB信用贷款50万元;1月9日客户开卡并签署贷款意向书,半小时内放款成功,缓解了客户的资金困难,有效满足了企业资金周转需求。

随着不断优化业务流程,平安银行KYB业务将围绕行业、平台深耕,通过不断丰富数据库、优化风控模型、提升客户体验,切实服务实体经济,打造中小企业良性发展生态,持续推出更加契合小微企业融资特征的产品,拓展更多场景模式,把低成本、高效率、易获得的金融服务提供给广大中小企业。

兴业银行徐州分行

银行特色做法

为积极支持制造业实体企业发展，把握资本市场发展机遇，兴业银行徐州分行优先选择国家重点支持发展的战略性新兴产业，集中资源向实体经济、科创企业、中小企业倾斜，重点支持工程机械、生物医药、节能环保等先进制造业企业，努力实现制造业融资增速不低于各项融资平均增速。

通过科技金融向企业提供供应链、票据池、结算中心等结算类产品，进而提高企业经营效率、降低运营成本。利用供应链核心企业良好的信用优势，通过商票保贴、保理、应收账款质押等支持核心企业上下游企业发展。以高端制造业龙头企业徐工集团为例，给予徐工集团表内、表外、长短期结合的综合性金融产品支持。2020 年，为徐工集团及成员企业办理票据池融资 20 亿元。依托徐工集团核心企业，整合徐工集团与上下游企业物流、信息流、资金流等信息，为供应链上下游企业提供票据、信用证、商票保贴、预付款融资等一揽子综合金融服务。2020 年，通过供应链金融产品已累计为 50 多户徐工集团上下游企业办理银行承兑汇票、票据池融资、贴现等业务 5 亿元。多次作为徐工集团超短期融资券发行的主承销商，通过债券承销和债券投资为徐工集团降低融资成本。内外联动，通过与兴业租赁的银租联动业务，2020 年已为徐工集团累计投放租赁贷款 12 亿元。

特色产品 1

兴 e 贴

产品简介	本产品针对管理规范、信用记录良好、贴现量较大、贴现频率较高的国企、上市公司、地方性龙头企业、供应链核心企业等，为其提供在线快速贴现服务
产品特点	通过为客户提供电子化金融服务端口（包括但不限于企业网银、银企直连等），实现业务的受理、审核、放款等流程系统自动化处理，业务办理速度快，效率高

续表

准入条件	1. 在兴业银行开立一般结算账户、网银等。 2. 无预警信息。 3. 业务承兑行：国有银行，全国性股份制银行，北京银行、南京银行、上海银行、宁波银行、江苏银行
提供材料	1. 开立一般结算账户、网银、签订在线融资协议。 2. 中国人民银行征信授权。 3. 上一年度完整年度财务报表。 4. 业务申请书
办理流程	1. 登录兴业银行网银界面。 2. 选择“兴 e 贴”—查询账户—标志为“兴 e 贴”的票据—贴现申请界面。 3. 输入利率等要素。 4. 提交
服务渠道	通过兴业银行企业网银办理即可

产品实例 1

“兴 e 贴”助力企业贴现昼夜永不停

江苏万邦生化医药股份有限公司是上海复星医药(集团)股份有限公司在医药工业领域的核心控股企业，公司专注于糖尿病、心血管、肿瘤治疗用药的研发、生产、销售，是国内最大的动物源提取胰岛素生产企业，是跨国企业在国内糖尿病治疗领域主要竞争对手。

兴业银行徐州分行经过对江苏万邦生化医药股份有限公司多次走访沟通了解到，江苏万邦生化医药股份有限公司应收票据多、现金支付多，下游医院类客户比较强势、账期长。因此，积极向其推荐线上融资产品“兴 e 贴”，原本企业需要至少一天时间去办理贴现业务，采用“兴 e 贴”后可保证随时提交贴现申请，资金秒到账，保障了企业及时用款需求。

截至 2020 年 9 月末，江苏万邦生化医药股份有限公司在兴业银行徐州分行贴现余额1亿元。通过"兴e贴"产品，企业以最短的时间获得了贴现融资，提升了票据资产价值，提高了资产利用效率。

特色产品2

兴享票据池

产品简介	兴享票据池业务包括票据托管、票据池质押融资两项产品。票据托管是指向企业提供纸质票据保管、查验、票据到期委托收款等服务，或提供电子商业汇票信息统计、到期自动提示付款等服务。票据池质押融资是指企业或者企业集团以质押背书给兴业银行的未到期商业汇票票面总金额乘一定的质押率得到相应的额度，额度的担保方式是质押的票据权利，额度用于池内企业使用。产品包括票据承兑、开立保函、开立信用证等表外融资产品和流动资金贷款、法人账户透支、循环贷款等表内融资
产品特点	1. 票据接受度高：银行承兑汇票、商业承兑汇票均可入池。 2. 融资额度高：入池票据质押率可达100%。 3. 便捷性强：票据入池、承兑、贴现、贸易融资等业务全线上化办理。 4. 灵活度强：入池票据质押融资可选择流动资金贷款、银行承兑汇票、保函等多种融资方式，融资金额、期限灵活，无须与质押票据一一对应。 5. 流动性强：质押票据可以替换，超额保证金可以提取，保证金活期利率高。 6. 集团化程度高：集团票据池模式可实现质押融资额度各成员单位共享，便于集团统筹管理
准入条件	1. 在兴业银行开立存款账户且结算情况良好。 2. 资信情况良好，经营状况正常。 3. 现金流量稳定的大型企业或效益好、信誉高、管理规范的中小型企业。 4. 符合反洗钱管理要求
提供材料	1. 票据池业务合作协议（适用于单一客户）。 2. 最高额质押合同（适用于单一客户票据池业务）。 3. 票据池业务合作协议（适用于集团客户）。 4. 最高额质押合同（适用于集团客户票据池业务）
办理流程	1. 贸易背景审查。 2. 质押票据审核。 3. 票据入池。 4. 形成可用额度。 5. 线上办理融资
服务渠道	通过兴业银行企业网银办理即可

产品实例 2

"兴享票据池""一站式"票据解决方案

江苏新春兴再生资源有限责任公司成立于 2006 年 4 月 6 日，注册地址位于邳州市循环经济产业园，主要从事回收处置废旧铅酸蓄电池，产品含精铅、蓄电池板栅合金等 5 大类 60 多个产品，主打产品精铅和合金铅等。江苏新春兴作为再生铅行业龙头企业，在废铅酸电池循环利用方面进行了大量技术开发和设备研制工作，拥有自主知识产权的机械化废电池破碎分选系统和无污染再生铅新工艺，开拓了我国工业化处理废铅酸电池新路，解决了社会普遍关注的废铅酸电池污染问题。企业获得国家实用新型专利和专有技术 10 项，国家发明专利 2 项，拥有危险废物经营许可证，产品成为省级名牌产品和国家免检产品。

兴业银行徐州分行在对江苏新春兴再生资源有限责任公司多次走访沟通中了解到，该企业应收票据较多、现金支付多，下游比较强势、账期长，进口采用信用证结算。针对企业需求以及业务特点，兴业银行成立了专营团队，向该企业提供了一个产品组合策略——"传统授信＋核心企业供应链上下游融资＋票据池"，满足了企业全面金融服务需求。传统授信包括流动资金贷款、银票、国内信用证和非融资性保函等，通过供应链金融提供银行承兑汇票、国内信用证、预付款融资等融资产品。如，针对企业进口采购、应收票据业务，嵌入票据池质押；针对企业应收账款嵌入买方付息保理业务；针对企业外汇支付，嵌入即期售汇业务。此外，将该公司纳入兴业银行重点客户管理，开通绿色审批通道，提高审批效率。

截至 2020 年 9 月末，该企业在兴业银行徐州分行流动资金贷款余额 1.2 亿元，国内买方保理融资业务余额 1 亿元，银票贴现余额 7 390 万元。通过上线"兴享票据池"产品，企业的票据得到有效管理，同时将客户闲置的票据充分利用起来，便于客户进行集团统筹管理。

民生银行徐州分行

银行特色做法

民生银行徐州分行始终把制造业企业作为金融服务实体经济的关键和核心，以客户为中心，坚决贯彻落实中央、监管部门和民生银行总分行提出的各项工作要求，再加力、再提速，积极践行社会责任担当，彰显民生温度。截至2020年9月末，民生银行徐州分行制造业贷款余额5.33亿元，同比增长47.75%，较年初增加1.19亿元。

加强组织体系建设，完善内部工作机制

2020年以来，民生银行徐州分行按照监管部门和总行要求，及时调整和完善全年工作目标。在考核方面，要求制造业表内外投放金额、表内外投放占比较2019年度实现双增长，同时将制造业中长期贷款余额纳入考核指标体系，进一步推动制造业领域中长期贷款投放。在评审方面，设立制造业企业专业评审通道，简化授信、评审环节，建立否决项目回头看机制等，以优化审批流程，提高审批效率。

提高资源配置效率，提升金融服务质效

民生银行徐州分行着力疏通内外部传导和统筹协调机制，引导全辖加大金融支持制造业力度，积极主动挖掘内外部投放通道资源，对制造业企业的拟投放金额、价格、期限、通道进行逐户摸排、梳理，全力保障重点项目投放。贯彻落实各项政策精神，主动减费让利，着力降低实体企业融资成本，先后多次下调贷款内部资金转移定价(FTP)，给予制造业企业贷款30—150 BP不同幅度的FTP优惠政策等。

做好风险防控，保障可持续发展

民生银行徐州分行在鼓励全辖分支机构用好用足相关政策及配套政策的同时，注重做好风险管控，强化管理，守住合规底线。通过做好信贷流程的全方位把控，保障制造业贷款业务健康、平稳、可持续发展。

特色产品

出口保理

产品简介	本产品是指出口企业(客户)将其在国际货物贸易或服务贸易中形成的应收账款转让于民生银行,由民生银行单独或与境外保理商共同为出口企业提供综合金融服务,包括坏账担保、保理融资、应收账款管理及催收中的一项或多项保理服务
产品特点	1. 提高国际市场竞争力:向境外买方提供更有竞争力的赊销付款条件,轻松拓展市场、增加营业收入。 2. 控制国际贸易风险:由银行对境外买方进行资信调查,提供坏账担保服务,为出口企业的国际贸易活动提供有效保障。 3. 缓解企业经营压力:由银行提供保理融资,补充企业营运资金,减轻出口企业因应收账款占压而形成的经营压力。 4. 节约企业管理成本:通过专业的应收账款管理和催收服务,为企业节约大量财力、人力和时间成本。 5. 改善企业财务报表:通过无追索权保理融资,将应收账款提前转为现金收入,降低资产负债率,改善企业财务结构。 6. 规避汇率波动风险:保理融资可提前办理结汇和提前核销退税,规避汇率波动风险
准入条件	1. 业务需存在真实的贸易背景。 2. 企业销售正常,利润保持稳定增长。 3. 企业征信无异常
提供材料	1. 企业营业执照、法人身份证复印件。 2. 连续3年经审计的年度报表、最近一期月度或季度报表。 3. 购销合同等
办理流程	1. 出口企业提交"保理服务申请书",向民生银行申请保理服务及额度。 2. 民生银行或境外保理商调查对境外买方进行资信调查及额度核定。 3. 客户签署"保理服务合同",由民生银行为其提供保理服务。 4. 出口企业在完成发货或提供服务后,提交"应收账款转让申请书"和"保理融资申请书"及出口贸易单据,将应收账款转让于民生银行,并按约定将转让事宜通知境外买方。 5. 民生银行受理业务并进行审单,按约定为出口企业提供保理融资等服务。 6. 应收账款到期后,境外买方将货款通过境外保理商或直接付至民生银行指定收款账户

续表

服务渠道	银行网址:www.cmbc.com.cn 办公地址:民生银行徐州分行及各支行网点 咨询电话:4008695568

产品实例

民生银行出口保理　为企业出海保驾护航

徐州工程机械集团进出口有限公司是徐工集团全资子公司,公司经营范围包括经营和代理各类商品及技术进出口业务。作为国内最大的工程机械出口商,其主导产品汽车起重机、装载机、平地机、压路机、摊铺机等出口一直保持行业领先,并已出口到150余个国家和地区,建立起多个海外营销网络。

2018—2019年,徐州工程机械集团进出口有限公司与分布在东南亚、阿联酋等地的买家签订了机械设备的购销合同,结算方式为赊销,且投保了出口信用保险。由于徐州工程机械集团进出口有限公司客户基本为海外客户,销售产生的应收账款较多且账期较长(最长的账期可达2年),需要补充流动资金来满足日常经营周转需要,因此该企业希望获得出口贸易融资服务。民生银行徐州分行坚持以客户为导向,持续跟进企业需求,第一时间为其核定保理额度,筛选符合民生银行徐州分行条件的部分买家,在2019年为其办理了2笔出口保理业务,金额合计3 370万美元。

民生银行徐州分行通过为企业办理出口保理业务,帮助企业获得灵活的贸易融资便利,缓解了因赊销引起的现金流不足,降低了企业资产负债率,有效减轻了企业因应收账款占压而形成的经营压力。在办

理出口保理业务后，企业可以马上办理结汇和提前核销退税，避免汇率波动风险，达到了企业提前收回货款的要求，加快了企业的资金循环，帮助企业提高了经济效益。目前，徐州工程机械集团进出口有限公司正在与近期签订订单的境外买家对接，民生银行徐州分行将根据企业需求继续提供出口保理业务支持，进一步深化合作，助力企业再上新台阶。

渤海银行徐州分行

银行特色做法

渤海银行徐州分行始终秉承为实体经济谋发展、为小微企业添动力的经营理念，持续做好制造业小微企业服务，积极创新产品，主动走访客户，为制造业小微企业发展提供有力支持。

围绕区域特色，拓宽合作渠道

一方面，充分利用担保公司现有额度，加强与符合条件的保险公司、融资担保公司合作，积极储备小微客户，力争实现大规模发展；另一方面，充分运用"房抵快贷"及"小额快捷通-抵质押贷"等产品的三查优化流程，提高审批效率，减少中间环节，提升客户体验，继续做实做大房产抵押类业务，进一步增加基础客户数量。

丰富产品种类，推动供应链业务取得突破

以渤海银行徐州分行现有重点及战略客户、政府采购、优质上市公司、其他优质大中型企业等核心企业信用为依托，强化供应链金融模式；建立分行"1＋N"业务模式，围绕总额1亿元左右的核心企业上游小微客户批量开发，进一步夯实客户基础，做大业务规模。

针对小微主体需求，提供"不打烊"线上金融服务

依托大数据风控，通过对资金流、信息流、物流以及税务信息、支付信息等信息的控制，实现全天候半自动风险识别和自动化授信审批，实现普惠金融科技赋能。

特色产品

渤　业　贷

产品简介	本产品服务于在企业生产经营活动中有资金周转需求的借款人，贷款额度最高不超过100万元(含)，具体执行利率根据风控模型评定的风险等级而不同。贷款期限最长不超过1年(含)，额度可循环使用，单笔用款不得超过额度到期日，要求借款企业法定代表人提供连带责任保证担保

续表

产品特点	以税务局数据为核心，在小微企业信贷场景下综合运用大数据等技术，让银税信息即时线上共享，将税务数据转化成信贷数据，辅以企业数据、外部信息，还原小微企业经营行为和信用水平，对企业进行风险画像，快速计算得出审批结果；采用"批量拓客、线上操作、自动审批、自助放款"的业务办理模式
准入条件	1. 企业规模符合《关于印发中小企业划型标准规定的通知》(工信部联企业〔2011〕300号)中的小型和微型企业划型标准的境内企业法人。 2. 企业成立2年(含)以上。 3. 企业及法人代表信用记录良好，且法人代表为本国公民。 4. 所属行业应符合渤海银行徐州分行授信政策要求，且不属于渤海银行徐州分行相关政策禁止或限制准入的行业。 5. 渤海银行徐州分行要求的其他条件
提供材料	三证合一的营业执照(含统一社会信用代码)，特殊行业生产经营许可证或企业资质登记证书(若有)，公司章程，验资报告，根据借款人公司章程约定出具的同意借款相关决议，法定代表人证明书、授权书(如委托经办人提交资料、参与面谈)，借款企业、担保人征信查询授权书
办理途径	网银、手机银行
服务渠道	网址：www.cbhb.com.cn/bhbank/S101/index.htm 办公地址：徐州市解放路303号 咨询电话：0516-81809966

产品实例

与制造业小微企业并肩同行

新冠肺炎疫情发生以来，渤海银行徐州分行认真贯彻落实党中央、国务院和徐州市委市政府的决策部署，按照中国人民银行的各项要求，积极承担金融机构社会责任，出台多项措施进一步支持制造业小微企业，构筑防控新冠肺炎疫情金融服务战线，与小微企业共渡难关。

徐州某地矿机械制造有限公司，主要从事地质钻探机械设备制造、修理，钻杆、钻具、金刚石复合片钻头加工、制造、销售，安装工程等，属于制造业小微企业。受新冠肺炎疫情影响，企业回款周期变长，生产资金紧张。渤海银行徐州分行得知该情况后，即刻与企业相关人员进行对接，企业通过线上申请，短短几分钟就获得100万元授信额度。企业根据实际需求当日提取部分贷款，拿到贷款后，该公司负责人对渤海银行徐州分行的支持赞不绝口，并表示有了这笔生产资金公司得以及时给上游客户打款，以及购买生产原材料。目前，该公司生产销售恢复快速运转，已顺利渡过难关。

对因受新冠肺炎疫情影响而出现临时还款困难的小微企业，渤海银行徐州分行采取“一户一策”，通过贷款展期、提前做好续贷安排，以及增加信用贷款和中长期贷款、降低贷款综合费用等方式支持企业战胜困难，确保不盲目抽贷、断贷、压贷；对受新冠肺炎疫情影响严重的小微企业，其新增贷款渤海银行给予最优惠利率，对存量贷款为企业降低利率，减轻企业负担，支持区域经济发展，确保金融稳定。

恒丰银行徐州分行

银行特色做法

2020 年以来，恒丰银行徐州分行牢牢把握徐州市委市政府“工业立市、产业强市”发展理念，认真贯彻落实关于加大金融支持制造业、实体经济工作力度的工作要求，制造业信贷投放实现从无到有的历史性突破。截至 2020 年 9 月末，恒丰银行徐州分行制造业贷款余额 10 亿元，较年初增加 9 亿元。

总分行联动发力，紧抓行业龙头

支持实体经济发展，恒丰银行徐州分行不遗余力。2020 年以来，着力为地方行业龙头核心企业和地方经济支柱企业优化金融服务，积极满足企业融资需求。恒丰银行总行于 2020 年初将徐工集团列为培育型战略客户，通过将徐工集团列入白名单、下放审批权限等措施提升业务审批效率。恒丰银行徐州分行也将徐工集团列为重点战略客户，并多次申请总分行三级联动，为客户融资畅通渠道。

紧跟客户需求，提升服务质效

在合理控制信贷风险的基础上，恒丰银行徐州分行紧紧围绕全市经济发展特点，主动适应经济新常态，加强信贷结构匹配。通过积极上门走访等方式，在充分了解客户经营特点的前提下，积极为客户甄选适合的融资产品，着力提升客户服务满意度。

特色产品

中长期流动资金贷款

产品简介	本产品为期限在 1 年以上（不含 1 年）、5 年以下（含 5 年），用于客户日常生产经营周转的流动资金本外币贷款
产品特点	1. 期限较长，一般期限 3 年。 2. 用途灵活，流动性强，可循环使用。 3. 每半年还款一次

续表

准入条件	1. 龙头企业的核心成员。 2. 地方经济支柱企业。 3. 生产经营合法合规，符合营业执照范围、符合国家产业及环保政策，并符合恒丰银行信贷政策。 4. 经营周期 2 年以上，管理、财务制度健全，财务状况良好，具有持续经营能力，有合法、合规的还款来源，具备到期付息的能力。 5. 在恒丰银行徐州分行开立人民币结算账户
提供材料	企业营业执照、法人身份证、经办人身份证、征信查询授权书等
办理流程	1. 客户申请。 2. 恒丰银行徐州分行审核是否为行业龙头的核心企业或是地方经济支柱企业。 3. 上门实地调查。 4. 进行流动资金测算。 5. 组织上报审批资料。 6. 各级贷审会审批
服务渠道	办公地址：徐州市云龙区解放南路 153 号 咨询电话：0516-68900055

产品实例

听徐工汽车之音　助生产加油提速

徐州徐工汽车制造有限公司于 2011 年登记成立，位于徐州市高新技术产业开发区，注册资本 45 000 万元。公司主要经营汽车（乘用车除外）设计、制造、销售，徐工集团专用工程机械配套驾驶室产品（包含汽车起重机驾驶室和上车操纵室及挖掘机驾驶室）的开发、研制、生产、销售等。由于企业 2016 年开始投产，投产时间较短，且前期的基础设施建设占用了大量的资金，企业营运资金一直由母公司徐工集团提供补充。

恒丰银行徐州分行及时跟进企业资金需求，工作人员了解到，2020 年 4 月以来，在企

业复工复产的市场背景下，重型卡车市场销售火爆，企业产销两旺，徐州徐工汽车制造有限公司急需补充生产、运营资金，以扩大市场占有率。根据徐州徐工汽车制造有限公司的资金需求，结合恒丰银行的授信政策和风险评估结果，恒丰银行徐州分行第一时间为其提供了2亿元的中长期流动资金贷款，有效缓解了客户的资金紧张状况。同时，通过将客户的贷款期限实现错配，极大地缓解了客户的资金压力和还款压力。恒丰银行徐州分行后续将进一步加强与徐工集团及其附属子公司的合作，通过投资银行、交易银行产品深度帮助企业解决资金需求及结算需求。

该笔业务作为恒丰银行徐州分行与徐工集团合作的开端，及时满足了客户需求，为后期与徐工集团的全面合作打下了坚实基础，也为恒丰银行徐州分行通过金融支持制造业发展积累了丰富的工作经验，为进一步支持徐州制造业发展打造了良好的开端。

浙商银行徐州分行

银行特色做法

2018 年 9 月浙商银行徐州分行正式开业以来，立足本地，以客户价值创造为中心，落实总行"互联网＋实体企业＋金融服务"理念，创新推进平台化服务战略，运用池化融资平台、易企银平台、应收款链平台，有效帮助企业降杠杆、降成本，保持流动性和效益性，切实为制造业企业提供全新的"流动性服务"综合解决方案。两年来，已累计实现表内外投放 300 余亿元，有效助力淮海经济区中心城市建设。

积极应用应收款链平台业务

一直以来，实体经济企业在实际经营中大量采用赊销模式延期结算，导致企业应收账款缺口较大、资金周转速度变缓，加重了企业融资难、融资贵的问题。浙商银行通过应用区块链技术去中心化、公开透明、智能合约和不可篡改的特性，解决了应收账款登记、确权等难题，把应收账款改造成为区块链债权流转工具，合理帮助处于核心企业上下游的中小企业盘活应收账款，在解决融资需求的同时，进一步实现了降本增效。2020 年以来，浙商银行徐州分行已累计通过应收款链平台业务为 30 余户企业提供 25 亿元融资支持。

积极支持智能制造业企业

浙商银行徐州分行根据"智能制造服务银行"的要求，不断丰富智能制造服务模式和服务体系，从考核评价、政策支持、业务支持（案例指导、业务培训、推介对接）等多个方面制定相关政策，持续加大对智能制造客户的支持力度。2020 年以来，通过池化融资产品、应收款保兑等方式，累计为 16 家智能制造相关企业提供金融支持 20.81 亿元，多渠道帮助客户降低融资成本，提高产业链竞争优势，强化行业整合。

推广运用“浙商苏贸贷”特色产品

新冠肺炎疫情发生以来，外贸企业无疑是受冲击最大的群体之一。为了充分落实省委省政府出台的一系列“稳外贸”举措，浙商银行在中标江苏省商务厅、财政厅“苏贸贷”业务承办资格后，充分结合自身平台化服务手段，积极推广“浙商苏贸贷”特色产品。该产品融结算、融资、交易为一体，在政府部门相关政策支持下，引入中信保多方共担风险，以优惠利率为外贸企业提供手续简、效率高的信用融资服务。

特色产品 1

分　销　通

产品简介	本产品是核心企业为其下游中小微企业和个人进行的线上融资，旨在帮助核心企业扩大销售，进而为核心企业供应链上下游企业提供融资、结算、资金管理等一揽子在线供应链综合金融服务
产品特点	帮助企业扩大销售；优化企业报表；帮助下游经销商获得融资，降低成本；产品操作全线上化，线上发起，线上还款，操作高效便捷
准入条件	· 核心企业准入条件： 1. 规模大、实力强、资信优，在行业、细分行业或区域经济中具有较强竞争力。 2. 对上下游企业管控能力强，具有健全的经销商销售资质管理制度。 · 成员企业准入条件： 1. 交易金额与交易频率达到一定规模，与核心企业合作年限原则上要求 1 年及以上。 2. 过往商业记录及征信记录良好
提供材料	· 核心企业需要提供的材料： 企业基础资料（营业执照、公司章程）、企业同意为上下游企业提供担保的决议、推荐上下游企业名单。 · 上下游企业需要提供的材料： 企业基础资料（营业执照、法人代表身份证复印件、公司章程、财务报表）、与核心企业签订的贸易合同、与核心企业资金往来发票

续表

办理流程	1. 方案审批：银行制定分销通业务方案，明确业务模式，经审批后实施。 2. 建立平台：核心企业与银行签订相关协议合同，开通分销通相关系统；成员单位通过分销通系统签订相关协议合同，加入分销通相关系统并开立分销通专用账户。 3. 分销通应收款签发：核心企业基于其与成员企业的分销通订单，作为收款人通过分销通系统联动签发、承兑分销通应收款并申请银行保兑。 4. 下游融资：成员企业依据与核心企业的分销通订单，在核定的专项授信额度内通过分销通系统提交融资申请，经银行审核后放款入账。 5. 转让偿付：核心企业通过银行线上平台将分销通应收款偿付给供应链上游成员企业，成员企业可继续通过分销通系统将分销通应收款偿付给上游企业或转让给银行。 6. 归还贷款：成员单位将还款资金存入分销通专用账户后，按约定还款方式归还贷款
服务渠道	办公地址：徐州市民主北路 2 号黎明大厦 咨询电话：0516-83339058、0516-83339055、0516-83339059

产品实例 1

创新产品出奇效　解决企业融资难

徐州徐工汽车制造有限公司为徐工集团下属的核心主机厂商，目前主营业务为工程重型卡车的生产与销售，拥有瑞龙、祺龙、专用车三大系列以及天然气牵引车、天然气专用车底盘、天然气混凝土搅拌车环保型重卡等近 300 个车型，产品畅销国内市场。

徐工汽车制造有限公司以经销商分销为主，占总体销售额的 90%左右。经销商在向核心企业完成采购后，继续向下游终端用户分销。企业目前已经建成一条集产品设计、原料采购、产品生产、终端销售的庞大供应链，上下游企业多达 200 余家，向社会提供就业岗位 5 000 人左右，对徐州地区的实体经济及社会稳定都起到了重要作用。

目前，徐工汽车制造有限公司下游经销商规模较小且缺乏抵押物等授信担保措施，较难获得与全年 5 000 万元采购规模相匹配的银行授信额度支持。而终端客户，作为个体工程承包商，能获得合作金融机构授信的也十分有限。徐工汽车制造有限公司迫切希望帮助下游客户缓解融资痛点，扩大自身销售。

浙商银行徐州分行通过分析企业目前存在的经营痛点，专门为徐工汽车制造有限公司设计了一款创新服务方案。该创新产品具体流程如下：首先由浙商银行徐州分行依托徐工汽车制造有限公司下游客户与徐工汽车制造有限公司的交易背景分别给予专项授信额度，解决下游客户的融资需求；随后下游客户占用专项授信额度向浙商银行徐州分行申请“分销通”贷款用于采购，贷款资金定向支付至徐工汽车制造有限公司的“分销通”资产池；徐工汽车制造有限公司再以“分销通”资产池内的资金作为保证金，签发并保兑“分销通”应收款向上游支付采购。

该款创新信贷产品一方面帮助徐工汽车制造有限公司快速回笼销售资金；另一方面通过区块链应收款支付帮助徐工汽车制造有限公司延缓现金流出，减轻资金压力。同时，在业务办理过程中，充分发挥“分销通”业务全线上化操作的优势。徐工汽车制造有限公司下游经销商可由“分销通”网页端入口办理业务，降低操作成本，支撑徐工汽车制造有限公司在全国范围内开展业务。在新冠肺炎疫情尚未完全扑灭的大背景下，产品的全线上化操作尤为重要，减少了企业与下游企业及银行不必要的人员接触，保障了各方人员的安全。

2018 年，徐州徐工汽车制造有限公司与浙商银行徐州分行建立信贷关系，主要是办理短期流动资金贷款和商业汇票，主要用于企业自身的生产经营。但是，企业在销售过程中，下游经销商占比较高，导致企业账面积压大量的应收账款，普通的短期流动资金贷款无法有效解决企业资金紧张的问题。

2020 年以来，浙商银行徐州分行向徐工汽车制造有限公司推出“分销通”业务之后，有效地帮助企业盘活了大量应收账款，也帮助下游经销获得了融资，一举两得。截至 2020 年 8 月末，浙商银行徐州分行累计向徐工汽车制造有限公司 5 家下游经销商提供“分销通”贷款 5 500 万元。“分销通”贷款不需要企业提供抵押物担保，可以用信用的方式或者由徐工汽车制造有限公司提供担保，门槛较低。同时浙商银行徐州分行对下游经销商发放的“分销通”贷款年利率为 4.78%，相比经销商之前融资成本节约 240—440 BP，帮助企业尽快复工复产。

徐工汽车制造有限公司通过与浙商银行徐州分行合作“分销通”产品，解决自身和下游经销商资金链紧张和融资难等问题，首批计划与浙商银行徐州分行合作的下游经销商达到 51 家，使得原先因为资金问题无法合作的客户顺利合作，帮助徐工汽车制造有限公司扩大了产品销量，预计将拉动企业销售收入增长 20%以上，助推了企业复工复产的速度。在帮助下游经销商摆脱困境的同时，也保障了经销商 5 000 多名从业人员的就业岗位，对社会稳定起到了积极作用。

特色产品 2

出口融易贷

产品简介	该产品是面向出口企业推出的大数据主动授信产品，通过数据互联，简化人工操作，实现客户授信额度自动审批及贷后管理的线上化产品
产品特点	1. 获批授信简便：有稳定的出口量即可获批；系统自动审批，便捷快速。 2. 额度调整自由：根据出口量和合作情况，系统自动调整；托管退税专户或投信保，额度再提高。 3. 用信体验好：盘活账上出口应收款和出口退税，本外币一体化线上融资；从容应对汇率波动
准入条件	1. 有进出口业务经营资格，外管局货物贸易收支 A 类企业。 2. 资信良好，无不良信用记录。 3. 有稳定的外贸业务渠道。 4. 借款人所出口的商品市场行情良好
提供材料	企业基础资料、报关单、商业发票原件、货运单据

续表

办理流程	1. 授信额度审批：银行根据企业出口量，为企业审批一个授信额度。 2. 开通线上系统：企业与银行签订相关协议或合同，开通浙商银行资产池系统。 3. 线上提款：企业向银行提供商业发票原件，并通过网上银行资产池系统发起融资申请。 4. 线上审批：银行通过国税系统、中征应收账款融资服务平台对企业提供的商业发票进行核验登记，无误后线上批准该笔融资并放款。 5. 归还贷款：企业将到期收回的货款通过网上银行资产池进行还款
服务渠道	办公地址：徐州市民主北路 2 号黎明大厦 咨询电话：0516-83339058、0516-83339055、0516-83339059

产品实例 2

“出口融易贷”　让企业容易贷

徐州恒乾紧固件制造有限公司是一家专业设计、生产和销售各类紧固件产品的企业，主要产品为铆钉，广泛应用于汽车、电器、建筑等行业。目前企业产品主要销往美洲、欧洲等海外市场，企业一年出口额 600 万美元左右。企业地址位于新沂市经济开发区内，属于经营较好的外贸型企业，对当地出口外贸经济和劳动就业起到了较好的带动作用。

在中美贸易摩擦日益加剧、全球贸易保护主义抬头的大环境下，加上新冠肺炎疫情的影响，出口制造型企业订单下降明显，汇率波动风险加大，且该企业海外应收账款账期在 3 个月左右，资金链受到了严峻的考验。

为帮助徐州恒乾紧固件制造有限公司走出困境，浙商银行徐州分行向企业推荐了“出口融易贷”产品。该产品最主要的特点是：获批授信简便，根据客户上一年海关出口额的10%且不超过600万元给予授信额度，系统自动审批，便捷快速；额度调整自由，托管退税专户或投信保，额度再提高；担保要求灵活，无须抵质押，仅需企业法人或实际控制人提供个人担保。

企业申请该业务时，无须提供烦琐的贷款申请资料，全部审批、放款、还款均为线上化操作，全部操作一天内即可完成，解决了企业所在地距离银行较远的困难，节省了企业大量的时间成本。

徐州恒乾紧固件制造有限公司在与浙商银行徐州分行合作之前，在其他银行主要通过短期流动资金借款进行融资，融资利率不享受优惠。企业使用浙商银行徐州分行的“出口融易贷”时，贷款申请简便快捷，贷款随用随还，还可以根据自身的资金周转率来安排融资计划。同时，浙商银行徐州分行对企业发放的贷款利率不高于年息4.35%，既帮助企业解决了应收账款账期融资的问题，又降低了企业融资成本、时间成本。截至2020年8月末，该企业已线上自主申请贷款4笔，贷款金额合计400万元。

外贸出口企业回款时间长，订单数量受全球经济大环境的影响较大，加上新冠肺炎疫情的影响，尤其需要金融机构提供便捷、周到的线上化服务。浙商银行徐州分行“出口融易贷”从申请融资、收汇还款，到信息查询与凭证打印，支持客户全流程线上化操作，无接触的服务优势在新冠肺炎疫情防控期间得到凸显。徐州恒乾紧固件制造有限公司通过浙商银行徐州分行全线上化融资产品，顺利地结汇并支付上游供应商货款，确保了原材料及时采购到位，助力企业实现复工复产。

南京银行徐州分行

银行特色做法

南京银行徐州分行积极贯彻党中央、国务院、省市各项决策部署，在摸排现有合作企业的基础上制定“鑫制造”服务方案，全力支持地方实体经济发展。截至2020年9月末，南京银行徐州分行制造业贷款余额28.53亿元，较年初增加10.55亿元。

提升审批效率，优化金融资源配置

对符合制造业贷款投放要求的客户，在投放价格、额度、审批排序方面予以倾斜。在投放价格方面，积极向总行争取政策，以最优惠价格进行投放，提升市场占有度；在额度方面，对制造业客户优先投放，保客户，保投放；在审批排序方面，优先审批制造业授信，缩短贷款审批时间，提升客户满意度。

突出产品特色，满足客户多样化融资需求

增强公司部、小企业金融部、交易银行部、金融市场部、风险管理部等部门联动，围绕客户需求拟定针对性的产品搭配方案。在真实性贸易背景下，针对客户产品、金融、利率等偏好，配置包括国内信用证、福费廷、批量化业务、商票保贴等多种产品，满足客户融资需求。同时，积极对接徐州市融资担保公司及省再担保、省农担等担保性企业，为客户增信提供支撑。

增强科技支撑，提高办贷时效

与徐州市政府、市场监督管理局、科技局等政府机构搭建高效畅通的线上线下沟通机制和系统连接机制。政府机构通过定期推送企业基本信息，告知企业融资需求及经营情况，银行通过大数据平台及司法系统、税务系统、知识产权系统等渠道对客户进行全方位多维度筛查，通过系统识别、自动校验等方式审批客户，提高办贷时效。

特色产品 1

“小股权+大债权”投贷联动

产品简介	本产品主要针对处于初创期、初成长阶段的科技型小微企业，依托合作的外部股权投资公司，进行单户投资比例不高于5%的股权投资，并结合企业未来2—3年的业务发展规划，一户一策，配套大债权支持，涉及综合金融服务方案，满足企业中长期发展的资金需求
产品特点	1. 企业可获得稳定、持续的资金支持，且资金使用与企业经营节奏相互匹配，资金效率和效益较高。 2. 较少单纯财务投资者的进入，延缓企业股权再稀释时间，让创始股东宝贵的股权发挥最大效用。 3. 没有对赌、没有期限的战略投资，全力交由创始股东决策，保障创始股东积极性。 4. 进入南京银行资源体系，共享南京银行资源整合优势，提升企业品牌形象
准入条件	1. 经工商行政管理机关(或主管机关)依法注册登记，具有独立企业法人资格。 2. 企业股权结构清晰，创始人具有相对控制权。 3. 企业拥有自主知识产权或具有创新的商业模式及渠道。 4. 企业经营业务符合国家宏观经济政策与产业政策。 5. 在经办机构所在地有固定的经营场所，原则上要求连续正常经营1年(含)以上，公司治理结构完善，经营管理规范。 6. 符合南京银行要求的其他条件
提供材料	1. 企业基本情况，包括注册信息、股权结构、历史沿革、关联企业等。 2. 企业核心团队介绍，包括高管和技术人员的背景、资历等。 3. 企业技术专利情况，产品或服务的竞争优势。 4. 企业近2年财务数据及目前融资情况。 5. 企业未来两年的业务发展规划及融资需求计划。 6. 南京银行要求的其他材料
办理流程	1. 企业申请。 2. 南京银行徐州分行受理。 3. 南京银行徐州分行与合作投资机构对申请企业进行贷前、投前调查。 4. 南京银行徐州分行与合作投资机构进行企业审核。 5. 审核通过后签订相关合同、办理相关手续
服务渠道	办公地址：徐州市解放路246号 咨询电话：0516-83985778

产品实例 1

投贷联动　共创辉煌

蓝天众成环保工程有限公司成立于 2012 年 2 月，注册地址位于徐州市高新区产业园。公司作为专业的环保工程服务商和优秀的固体废弃物运营商，致力于为工矿企业提供水泥窑协同处置固体废弃物工程总包方案和量身定制烟气粉尘整体解决方案，提供咨询设计、设备制造、建设安装、运营管理等全方位服务。目前，公司已联合华润水泥、丹麦史密斯开发固废处置技术路线，在节省水泥窑煤耗量、增加水泥窑余热发电量的同时，垃圾臭气、浓缩渗滤液可直接排入水泥窑烧掉，固体废渣直接融进水泥之中，实现生活垃圾的完全无害化处置。公司主营水泥窑协同处置设计采购施工（EPC）总包工程项目，单体项目超过 1 亿元，且发包方华润、红狮等为大型集团，回款方式按工程进行结算，因此公司前期需要垫付大量资金。

在了解到客户的融资需求后，南京银行徐州分行会同企业确定投贷方案，签署投贷协议，以“小股权”作为纽带，合理配比“大债权”信贷资金，为企业授信 3 000 万元，通过安全、稳定、及时的资金链，解决企业中长期发展中面临的资金不足困难。

在银行支持下，公司支付了上游供应商的货款并顺利完成 EPC 项目建设，当年销售收入较同期增长 150%。同时，背书银行信用得到华润、红狮等大型集团高度认可，订单纷至沓来，公司发展驶入快车道。

特色产品 2

徐工挖掘机械有限公司下游经销商链式项目产品

产品简介	本产品为面向优质核心企业的批量化、供应链金融贷款
产品特点	1. 流程简便:整个产品基于银行和徐工集团良好的合作关系,核心企业只需出具推荐函和担保函,经销商只需提供基础资料,不论是业务流程还是授信资料都较为简便。 2. 风险可控:该项目担保方式为徐州徐工挖掘机械有限公司出具担保承诺函+下游经销商实际控制人或法定代表人自然人担保;若经销商无法按时足额还款,则由徐工挖掘机械有限公司承担连带责任,徐工挖掘机械有限公司作为徐工集团工程机械有限公司的全资子公司,实际控制人为徐州市人民政府,具有较强的担保能力,整体项目风险可控
准入条件	1. 经行政部门依法核准登记,实行独立核算,有持续经营能力,有合法还款来源。 2. 企业及法定代表人、实际控制人无不良信用记录。 3. 无借款合同纠纷、抵押权纠纷、质押权纠纷等重大涉诉情况。 4. 无刑事处罚且未涉及刑事案件。 5. 符合银行授信政策。 6. 与徐工挖掘机械有限公司签订相关经销商准入文件。 7. 成立时间不得低于 5 年,与徐工挖掘机械有限公司合作年限不得低于 2 年。 8. 注册资本不得低于 500 万元,销售收入不得低于 2 000 万元。 9. 为减少管理半径,优先选择距离徐州往返 2 个工作日内的客户开展批量业务
提供材料	1. 经销商提供营业执照正副本、开户许可证、公司章程、工商变更通知书、验资报告、纳税申报表(主表)、财务报表、银行流水、上下游购销合同、徐工挖掘机械有限公司特许代理商授权证书,下游经销商法定代表人、实际控制人夫妇身份证、户口本、结婚证复印件。 2. 徐州徐工挖掘机械有限公司提供"推荐函""担保函"
办理流程	1. 徐工挖掘机械有限公司向银行推荐,并出具"推荐函"。 2. 客户经理对接经销商,调查了解经销商经营情况,收集资料。 3. 客户经理填写调查报告,提交业务审批。 4. 审批通过后,与经销商签署合同;徐工挖掘机械有限公司向银行出具"担保函"。 5. 放款。 6. 客户经理按要求进行贷后检查,收集资料。 7. 经销商偿还全部贷款本息,贷款结束
服务渠道	办公地址:徐州市解放路 246 号 咨询电话:0516-83985778

产品实例 2

依托核心企业　畅享快捷融资

徐州徐工挖掘机械有限公司成立于 2008 年 6 月，由徐工集团工程机械有限公司全额出资成立，注册地址为徐州经济技术开发区高新路 39 号。徐工挖掘机械有限公司作为徐工集团的重要组成部分，主要生产大中型挖掘机以及工程机械配件。随着工程机械行业好转，产品供不应求，经销商为提高销量及市场占有率，样机需求明显增加；企业为保证下游客户的提货周期，存货量显著提高。为提高客户黏度，经销商对优质长期合作客户通常给予适当的账期延长，宽松的销售政策导致经销商应收账款增加，产生资金缺口。

在此背景下，南京银行徐州分行推出徐工挖掘机械有限公司下游经销商链式项目产品，担保方式为核心企业出具担保承诺函＋借款企业实际控制人或法定代表人自然人保证担保，不要求核心企业签署保证合同。业务审批权限在总行普惠金融部，流程节点少，审批效率高，且单笔业务放款在南京银行徐州分行普惠通道内，整体业务流程较短。截至 2020 年 9 月末，整个项目共落地业务 10 笔，金额 5 000 万元。

经销商通过引入核心企业的担保，保障了进货资金，扩大了销售业绩，同时凭借较为充裕的进货资金，经销商可从厂商处获得批发购买优惠，享受大宗订货优惠，购货成本进一步降低；核心企业利用自己的信用，为经销商获得较低成本的资金支持，进一步稳固和扩大了销售网络。同时，通过这一方案的运用，核心企业将应收账款转化成现金，应收账款大幅减少，资产质量有所改善。如果经销商拖欠贷款，则由核心企业直接代偿，银行信贷资产风险较低。因此，该模式在压缩贷后监督成本的同时能够切实提高银行服务实体经济能力。

江苏银行徐州分行

银行特色做法

制造业是立国之本、强国之基，也是徐州发展的优势所在。新冠肺炎疫情发生以来，在市委市政府的坚强领导下，在监管部门的关心指导下，江苏银行徐州分行始终强化政治担当、践行初心使命、聚焦实体经济，切实把扎实做好“六稳”工作、全面落实“六保”任务作为重中之重，出实招、下实功、求实效。

把资金安排好

新冠肺炎疫情发生后，江苏银行徐州分行及时调整工作目标，制定了贷款年度新增100亿元的目标，坚定不移地加大制造业、“新基建”、民营企业等重点领域信贷投放。截至2020年9月末，江苏银行徐州分行各项贷款余额成功跨上600亿元台阶，较年初增加75亿元。其中，制造业贷款余额103.53亿元，较年初增加7.44亿元；制造业中长期贷款余额28.81亿元，较年初增加12.18亿元；制造业信用贷款余额1.6亿元，较年初增加0.74亿元。

把信息畅通好

积极营造“全行围绕客户转”的服务氛围，结合“百行进万企升级扩面行动”等工作，班子成员带头紧扣重要客户、重大项目、重点平台，主动拜访、上门问需。经营机构主动对接存量客户、制造业企业，全行全员全力以最大限度、最快速度、最惠利率满足企业融资需求。

把政策落实好

对受新冠肺炎疫情影响的制造业企业，江苏银行徐州分行不盲目抽贷、断贷、压贷，通过提供增加授信、展期、续作、调息、利息减免等多种方式，实施纾困帮扶，帮助企业渡过难关。同时，实施减费让利，对制造业企业有专项资产包额度政策，实行优惠贷款价格、制定手续费减免专项政策等方式，切实降低了企业融资成本。

把机制建立好

新冠肺炎疫情发生以来，江苏银行徐州分行全面落实市委市政府“21条政策”、监管部门“12项要求”，制定出台了20条具体举措；创新打造了战时审批机制、敏态工作机制等专项机制；与市农业农村局、市工商联建立应急融资工作机制，分别提供贴息比例为2%、总额为50亿元的专项授信额度，助力企业复工复产。战时审批机制实施后，在授信笔数倍增的情况下，江苏银行徐州分行审批效率同比提升了57%。

把产品设计好

打造“随e融”服务平台，推出高效整合的“随e贷”服务方案，客户根据需求可自动对接相应的金融服务产品。以大数据智能化赋能，上线“科技防疫贷”“农户经营贷”等产品，差异化及时满足了企业融资需求。同时，大力推广“供应链金融云”平台，为制造业上游中小微企业提供线上化的便捷融资。

特色产品1

国内保理

产品简介	本产品是针对客户的应收账款提供的综合性金融服务。在该项业务中，江苏银行受让客户的应收账款，并对受让的应收账款提供保理服务
产品特点	1. 凭江苏银行认可的应收账款即可使卖方获得融资，无须其他的抵质押担保或保证。 2. 有效扩大供货商可接受的付款方式和付款期限，增强供货商在谈判中的竞争力，扩大市场份额。 3. 使供货商迅速回笼应收账款，加速资金周转，提高资金使用效率。 4. 使供货商的应收账款直接实现销售收入，有效美化财务报表
准入条件	1. 主要适用于以赊销作为主要销售模式的各类型制造业企业、在江苏银行分支机构开立账户。 2. 所处行业稳定，企业效益良好，有健全的管理体系，现金流情况良好。 3. 销售的产品流通性强，周转快，具有较强的市场需求。 4. 江苏银行认为必须满足的其他条件

续表

提供材料	1. 江苏银行授信业务要求的基础信贷资料。 2. 与特定买方签署的商务合同(如年度购销协议),近2年销售及收款明细,以及交易中所使用的各种文件、单据(如发票、货单)样式。 3. 通过国际或国内质量认证的证明材料
办理流程	1. 业务受理,提供基础资料和其他相关材料。 2. 贷前调查。 3. 开立回款监控账户。 4. 签署合同、应收账款转让。 5. 保理预付款支用
服务渠道	办公地址:徐州市昆仑大道绿地领海2号楼 咨询电话:0516-83100937

产品实例 1

盘活应收账款"造血"功能　为企业发展"输血供氧"

徐州力泰钢结构有限公司成立于2006年12月,是全国唯一一家既具有钢结构一级施工资质又具有国家电网合格供应商资质的企业。企业近年来荣获国家高新技术企业、江苏省民营科技企业、徐州市创新型企业等荣誉称号,企业法人是江苏省首批"科技企业家培育工程"培育对象之一。2020年2月14日,该公司派出60多人赶往南京,参与建设被称为南京"小汤山"的南京市公共卫生医疗中心应急工程,为抗击新冠肺炎疫情做出了应有的贡献。

新冠肺炎疫情防控期间,江苏银行徐州分行评估摸排企业生产经营状况,分门别类、因企制宜,采取有效对策,快速对接企业金融需求,帮助企业渡过难关。2020年4月,徐州力泰钢结构有限公司与中建八局签订了建设工程施工合同,工程目前仍处于施工阶段,企业已经形成应收账款4 500万元,中建八局付款周期较长,占用企业较多资金。受新冠肺炎疫情影响，该企业上游客户要求现金和电汇结算占比提高，且下游企业较为强势，企业回款时间变长，导致该企业流动资金紧张。江苏银行徐州分行根据该企业应收账款和资金需求情况，为企业设计以“国内保理”业务为主的综合金融服务方案，助力企业产业链协同复工复产。

2020 年，江苏银行徐州分行共为该企业办理国内保理业务 2 笔，金额 3 000 万元，流贷资金贷款 700 万元，法人购房按揭贷款 286 万元。同时，企业法人为江苏省创新创业人才，江苏银行徐州分行为其办理了 300 万元的“人才贷”，以最大限度、最快速度、最惠利率满足企业融资需求。

企业 3 000 万元“国内保理”业务的落地，缓解了中小民营制造业企业资金流的压力，盘活其应收账款的“造血”功能，满足企业日常经营周转，产品深受企业好评；基于真实贸易背景的国内保理业务，打破了银行对民营企业了解程度不够、认可程度不高的障碍，银行可及时给予企业信贷支持；加深了银行与企业的合作深度，提高了银行供应链金融产品的知名度，更便于银行为企业提供综合化的金融方案。

特色产品 2

人　才　贷

产品简介	本产品是指为经政府职能部门认定的人才个人或人才创办企业办理的用于其生产经营、市场拓展、技术升级等正常用途的授信业务
产品特点	1. 担保方式多样，支持信用放款，额度最高 1 500 万元。 2. 授信主体多样化，可选择个人版和企业版授信。 3. 年化利率最低至 LPR＋80 BP。 4. 审批快，还款灵活。 5. 线上线下相结合，线下“人才贷”＋线上“人才 e 贷”
准入条件	1. 经营期限 12 个月(含)以上，可根据企业情况提供银行流水、电费发票、纳税申报表、工资单、销售发票或单据等材料。 2. 具有稳定的还款来源。 3. 借款人信用良好，无重大不良信用记录

续表

提供材料	1. 借款人为个人的，需提供身份证、户口簿，已婚的还应提供结婚证、配偶身份证原件和复印件；借款人为公司的，需提供工商营业执照、经营许可证等证明资料。 2. 企业正常经营的相关证明材料，如银行流水、电费发票、销售发票、工资单等。 3. 人才相关证书及文件。 4. 贷款相关用途材料
办理流程	1. 线上申请，在江苏银行“随e融”小程序申请并输入基本信息。 2. 客户经理对接，进行调查评估，并提交贷款审批。 3. 签订合同及发放贷款
服务渠道	办公地址：徐州市昆仑大道绿地领海2号楼 咨询电话：0516-83109370

产品实例2

人才助力发展　贷来产业升级

某企业是专注于光电功能半导材料研发和生产的高科技企业，2018年正式运营生产，是邳州市开发区招商引资重点企业。企业法人是物理学硕士、高级工程师，曾入选2013年南京市“321人才计划”、2014年度江苏省双创人才和2016年南京市领军企业家计划；拥有国际发明专利1项、自主发明专利4项，多次参与国家军工项目研究，包括“核反应堆铍半球的研制”“气象卫星铍摆镜的研制”“纳米ITO粉的研制”“氧化铟锡ITO溅射靶材料制造技术研究”等多项研发任务，在国内氧化物半导体镀膜材料领域具有一定的影响力。2019年，该企业入选高新技术企业和江苏“小巨人”企业，拥有多项核心技术，是国内为数不多的生产规模大、设备完善、产品种类齐全的PVD靶材生产服务商。

2019年，江苏银行徐州分行经与县组织部门对接，得知虽然该企业生产的产品科技含量高，销售供不应求，但是受到生产规模的限制，产能一直未能有效打开，同时又是轻资产企业，银行贷款较难获得。江苏银行徐州分行在了解到企业现实的困难后，主动快速对接企业资金需求，根据实际情况向企业介绍了江苏银行“人才贷”业务，得到了企业的高度认可。

2020 年，江苏银行徐州分行为企业办理“人才贷”业务 500 万元，同时为该企业办理了代发工资业务。“人才贷”业务的落地，缓解了该企业资金流的压力，满足企业日常经营周转，帮助企业打开了产能，产品销售市场日趋火爆；针对人才所在的科技型制造企业难点，及时给予企业信贷支持，帮助企业渡过难关；加深了银行与企业合作程度，打响了江苏银行“人才贷”产品的知名度，为银企进一步深入合作奠定了良好基础。

莱商银行徐州分行

银行特色做法

莱商银行徐州分行开业以来，始终坚持"服务地方经济、服务中小企业、服务城乡居民"的市场定位，紧紧围绕国家及地方政府决策部署，以"服务实体、服务民生、服务地方"为导向，以小微金融为主要着力点，积极推进信贷结构调整，合理配置资金投放，努力提升服务实体经济能力。截至 2020 年 9 月末，莱商银行徐州分行制造业贷款余额 14.56 亿元，同比增长 29%，较年初增加 3.98 亿元。

明确政策导向，实行差异化信贷政策

莱商银行徐州分行根据总行授信工作指引，按照"有保有压"的总体原则，对产能过剩的制造业企业不盲目抽贷、断贷，实行授信逐步压降调整，并进行一对一调研帮扶，对内生动力强、转型意愿强的企业继续给予支持。同时，将高端装备制造、智能制造、科技创新领域企业作为重点和优先准入对象，给予重点支持。

坚持阳光信贷，降低融资成本

综合考虑制造业企业的行业特征、生产经营特征、信贷产品特征、企业自身实力和资金成本等因素，实现一笔一价，业务办理灵活高效。同时，规范服务收费，不随意搭售产品，最大限度降低制造业企业的融资成本。新冠肺炎疫情防控期间，主动承担小微企业贷款相关的抵押物评估费、抵押登记费和保险费，切实减轻了企业负担。

创新产品和服务，金融支持制造业水平不断提升

2019 年以来，先后推出小微企业线上信用贷款产品"税易贷"、普惠宝系列贷款、线上供应链融资、线上供应链信用贷款等创新产品，新冠肺炎疫情防控期间推出"央行资金复工复产专项贷款"，大大提高了制造业企业融资的可得性、便利性。2020 年 1—9 月，累计为 113 户小微企业办理"税易贷"12 368 万元，向制造业企业发放供应链融资 2 415 万

元。新冠肺炎疫情防控期间向 147 户企业发放“央行资金复工复产专项贷款”37 530 万元，为 16 户制造业企业办理无还本续贷业务 18 735 万元。

特色产品 1

税　易　贷

产品简介	本产品是依托省级“银税互动融资服务平台”打造的线上小微企业信用贷款产品，为依法纳税小微企业提供线上贷款支持。产品目标客户群为小微企业，资金用途为补充企业经营所需流动资金，单户授信额度最高 300 万元，授信有效期内额度可循环使用，支持等额本金等形式还款
产品特点	1. 线上产品，操作便捷：纯线上贷款产品，免除了传统贷款的线下办理流程，操作方便快捷，有效降低企业的时间成本和获取信贷资金的附加成本。 2. 信用产品，免除担保：纯信用贷款产品，主要依托借款人税务数据和外部大数据分析进行自动授信，切实解决小微企业融资担保难题。 3. 随时申请，自助办理：7×24 小时线上运行，授信有效期内，贷款额度可以循环使用，具有随时申请、实时审批、自主放款还款的特点
准入条件	1. 借款企业成立 2 年(含)以上。 2. 借款企业无不良拖欠税款或滞纳税款记录。 3. 借款企业及法定代表人无不良信用记录、无重大违法违规记录。 4. 借款企业为一般纳税人，并在税务局缴税时上传必要的财务信息。 5. 借款企业、法定代表人、实际控制人在莱商银行无信用贷款余额，非莱商银行黑名单客户，非莱商银行关联客户
提供材料	贷款申请环节准备企业法定代表人身份证、企业纳税代码；贷款提款前开立莱商银行徐州分行的结算账户(已有莱商银行结算账户的不需要重新开立)
办理流程	1. 贷款申请：本地小微企业可通过莱商银行微信公众号——莱商银行“税易贷”申请。 2. 贷款审批：莱商银行以企业纳税与财务信息为基础，结合外部可靠征信源，利用大数据进行分析处理，通过线上审批方式为申贷企业核定贷款额度。 3. 合同签署及贷款发放：获得贷款额度的企业主，对借款合同、个人担保合同确认并进行电子签章后，系统对企业主进行线上人脸识别、动态认证、反欺诈检测，验证通过后，贷款实时发放至企业在莱商银行开立的结算账户中(无莱商银行账户的企业需先开立结算账户)。 4. 贷款使用：贷款合同签订后，企业可根据实际用款需求随时申请线上放款、还款

续表

服务渠道	网址：www.lsbankchina.com 办公地址：徐州市泉山区蓝湾商务港北区 2 号楼 各营业网点信息如下。 营业部：会计部门 0516-83736709，信贷部门 0516-83736768 铜山支行：会计部门 0516-83501789，信贷部门 0516-83501001 新沂支行：会计部门 0516-88995627，信贷部门 0516-88990633 泉山支行：会计部门 0516-85823567，信贷部门 0516-85616653 邳州支行：会计部门 0516-86222839，信贷部门 0516-86239899 开发区支行：会计部门 0516-87981678，信贷部门 0516-87981552 丰县支行：会计部门 0516-89328711，信贷部门 0516-89328709 沛县支行：会计部门 0516-89675597，信贷部门 0516-89675591 万达小微支行：会计部门 0516-83663011，信贷部门 0516-83663211 睢宁支行：会计部门 0516-81311966，信贷部门 0516-81312066 彭城小微支行：会计部门 0516-83209350，信贷部门 0516-83209356 鼓楼支行：会计部门 0516-87835060，信贷部门 0516-87835020 贾汪支行：会计部门 0516-87616052，信贷部门 0516-87616352 解放路支行：会计部门 0516-83829609，信贷部门 0516-83829689

产品实例 1

莱商“税易贷”与小微企业共克时艰

徐州强宏精密锻造有限公司成立于 2001 年，是睢宁县成立较久的民营制造业微型企业，主要从事锻造件、锻压件、五金工具、设备配件等半成品和成品生产销售。受新冠肺炎疫情影响，企业的下游主要客户账期由原来的 60 天延长至 90 天左右，造成企业应收账款压力突然增加，需要补充部分流动资金，但其厂房土地暂时无法办理

抵押，企业面临资金困境。

莱商银行徐州分行了解到企业需求以后，第一时间进行深入调查和分析，创新服务思路，本着高效、安全的原则，为企业制定了专项支持方案。鉴于该公司是传统制造业的微型企业，整体资金缺口不大，且担保物有限，莱商银行徐州分行为其匹配线上小微企业信用贷款产品“税易贷”，根据企业纳税信用度提供线上融资，让数据多跑路，让企业少跑腿；同时，放宽贷款担保条件，实现以“信”换“贷”。

经过信贷人员指导，企业负责人通过手机登录微信，几分钟就完成了“税易贷”业务申请，获得了 51 万元授信额度，并于 2020 年 3 月 16 日通过手机提款，操作简便快捷，不仅缓解了企业的燃眉之急，保证生产经营的连续，给员工吃了定心丸，也为企业省去了反复往返银行和准备融资手续的成本。徐州强宏精密锻造有限公司表示，莱商银行“税易贷”是一款很适合小微企业使用的便捷信贷产品，真正意义上缓解了民营企业融资难、融资贵的问题。

特色产品 2

线上供应链

产品简介	本产品是为核心企业上游供应商提供的全线上化应收账款融资产品。产品聚焦应收账款融资过程中环节多、风险高、确权难的痛点，利用全线上化操作模式，通过核心企业应付账款线上确认与传递，大幅提升了应收账款融资业务的办理效率和便捷程度，有效疏通金融传导渠道，解决产业链上游企业融资难问题
产品特点	1. 审批快捷：平台线上直接进行融资额度核定和审批放款，无须线下审批。 2. 操作简便：核心企业只需上传应付账款的关键信息，后续无须进行任何操作。上游供应商只需要根据核心企业提供的合同信息，上传相应的贸易合同及发票，业务到期后平台自动从核心企业账户中进行扣款清分。 3. 业务高效：业务流程全部通过线上完成，省去线下环节，通过大数据、区块链、人脸识别、远程视频核验、发票合同文本光学字符（OCR）识别及自动验真等新技术的应用，实现业务效率成倍提升。 4. 信息透明：核心企业及上游供应商实时查询业务进度，各业务环节实行自动短信提醒，客户对业务进程实现全面掌控

续表

准入条件	· 供应链核心企业准入条件： 生产经营情况良好，自身实力雄厚，符合国家产业政策以及莱商银行信贷支持政策，具备完善的财务管理体系等。 · 核心企业上游链属企业准入条件： 企业与核心企业履约正常，交易记录良好，业务关系稳定；原则上与核心企业合作年限不低于一年，与核心企业长期签有购销/服务合同；在核心企业上游供应商排名中位居前列，或经核心企业认定推荐；征信记录和履约记录良好，无重大违约事项；莱商银行认定的其他条件
提供材料	1. 上游企业需提供加盖公章的最近一年的财务报告。 2. 上游企业需提供与核心企业签订的贸易合同原件（含所有附件）。 3. 上游企业需提供与核心企业上传的应付账款匹配的增值税发票第一联正本，并加盖发票专用章。 4. 上游企业需提供证明融资资金用途的贸易合同
办理流程	1. 达成合作意向：核心企业与莱商银行达成在线供应链融资合作意向，莱商银行为核心企业核定供应链融资专项额度。 2. 协议签署：莱商银行与核心企业双方签署“供应链金融业务合作协议”。 3. 用户注册及激活：核心企业与上游供应商在莱商银行供应链金融服务平台分别进行用户注册及激活。 4. 应付账款上传：核心企业绑定上游供应商，并上传应付账款。 5. 应收账款转让申请：上游供应商收到核心企业上传的应付账款清单，上传贸易合同、发票等贸易背景证实资料，发起应收账款转让申请，由莱商银行对贸易背景资料进行审核，完成应收账款转让。 6. 融资放款：上游供应商发起线上融资申请，莱商银行审核通过后放款。 7. 到期兑付：平台在应付账款到期日自动从核心企业账户中扣收应付账款，并自动进行款项清分

续表

服务渠道	网址：www.lsbankchina.com 办公地址：徐州市泉山区蓝湾商务港北区2号楼 各营业网点信息如下。 营业部：会计部门 0516-83736709，信贷部门 0516-83736768 铜山支行：会计部门 0516-83501789，信贷部门 0516-83501001 新沂支行：会计部门 0516-88995627，信贷部门 0516-88990633 泉山支行：会计部门 0516-85823567，信贷部门 0516-85616663 邳州支行：会计部门 0516-86222839，信贷部门 0516-86239899 开发区支行：会计部门 0516-87981678，信贷部门 0516-87981552 丰县支行：会计部门 0516-89328711，信贷部门 0516-89328709 沛县支行：会计部门 0516-89675597，信贷部门 0516-89675591 万达小微支行：会计部门 0516-83663011，信贷部门 0516-83663211 睢宁支行：会计部门 0516-81311966，信贷部门 0516-81312066 彭城小微支行：会计部门 0516-83209350，信贷部门 0516-83209356 鼓楼支行：会计部门 0516-87835060，信贷部门 0516-87835020 贾汪支行：会计部门 0516-87616052，信贷部门 0516-87616852 解放路支行：会计部门 0516-83829609，信贷部门 0516-83829689

产品实例2

推广供应链金融　实现银企共赢

江苏美鑫食品科技有限公司所属行业为食品制造业，主要从事汤、汁、酱、料等生产销售。企业有多个关联知名餐饮品牌企业，如川锅一号、严厨酸菜鱼、小淮娘、今小主等，企业秉承“用美味安全的汤汁酱料成就客户，调出美好生活”的经营理念，凭借其先进的品牌文化策略以及不断拓展的内外部市场，在徐州市餐饮行业有着重要影响力。

2020年年初以来，企业受到新冠肺炎疫情的影响，发货量有所下降，导致应收账款减少，支付上游客户应付账款的压力加剧。在了解到企业这一情况之后，莱商银行徐州分行及时对企业进行考察，在合规和风险可控的前提下，依托莱商银行新上线的供应链金融服务平台，以江苏美鑫食品科技有限公司作为核心企业，为企业新增供应链融资专项授信 2 000 万元。在上游链属企业资料齐备的情况下，最快实现一天内放款，比一般贷款投放节约了一周的时间。

为支持产业链企业复工复产，莱商银行徐州分行对上游企业用于复工复产或日常生产经营的资金需要，贷款利率在原普惠金融贷款优惠利率的基础上下浮 75 BP，至少为企业节约了 15 万元的融资成本。同时，“线上供应链”产品无须融资企业提供抵押、质押等增信要求。目前，莱商银行徐州分行已为江苏美鑫食品科技有限公司 5 家上游农产品供应商办理线上供应链融资业务 7 笔，金额 1 601 万元，切实缓解了企业的应付账款压力，有力支持了农副产品供应商的复工复产。

在莱商银行徐州分行的支持下，企业流动资金紧缺的情况得到了较大改善，及时支付的应付账款增强了上游客户对企业的信任，进一步加强了合作力度，上游客户的货物选择将优先配售给江苏美鑫食品科技有限公司，此举预计帮助企业增加销售收入 3 000 万元。

邮政储蓄银行徐州市分行

银行特色做法

邮政储蓄银行(简称“邮储银行”)徐州市分行抢抓国家大力推进“新基建”给制造业带来的发展机遇,聚焦新一代信息技术产业、高端装备制造、生物医药产业、新能源汽车产业链、节能环保和新材料等先进制造业领域,将制造业项目纳入重点项目库,建立制造业重点支持名单,全面加大对重点领域、重点客户和重点项目的中长期贷款投放,助力徐州市制造业转型升级。截至2020年9月末,邮储银行徐州市分行制造业贷款余额18.98亿元,同比增长48.07%,较年初增加5.81亿元。

拓宽服务渠道,积极对接目标客户

邮储银行徐州市分行积极对接和服务战略性新兴产业集群的孵化机构、领军企业、投资基金和公共服务平台,为制造业企业建立银行和政府担保机构、担保公司等多方风险分担机制,积极为制造业小微企业增信。

加快产品和服务创新,提升金融服务质效

在加快产品和服务创新方面,邮储银行徐州市分行根据制造业企业不同发展阶段的金融需求,提供针对性的金融服务,并依托核心企业深化对产业链上下游的供应链金融服务。同时,加快技术改造贷款、“小微易贷”和“极速贷”等创新产品的开发和推广,完善产品服务体系,持续深化与不断成长壮大的小微型、中型制造业企业客户的合作。

坚持可持续发展理念,做好风险防控

对于制造业中的“两高一剩”行业的授信,邮储银行徐州市分行始终坚持有保有压原则,重点支持技术设备先进的龙头企业;强化资金用途管理,让资金投向实体经济;对受新冠肺炎疫情影响的制造业企业,采取缓释措施,缓解企业资金压力。

特色产品 1

国内保函

产品简介	本产品是指邮储银行作为保证人，应申请人的要求，以出具保函的形式(融资性担保时可以备用信用证的形式出具)向受益人承诺，当被担保人不履行合同约定的义务或承诺事项时，由邮储银行按照保函约定承担担保责任的信贷业务
产品特点	1. 手续简单，优质客户可采用信用方式。 2. 时效快，费率低，有效减少企业的资金占用
准入条件	1. 借款企业正常经营 6 个月及以上。 2. 借款企业法定代表人、实际控制人无不良信用记录。 3. 资信状况良好，具有履行合同、偿还债务的能力。 4. 具有真实、合法的交易背景，保函基础交易主合同条款完备，责任明确。 5. 邮储银行规定的其他条件
提供材料	1. 借款企业三证合一(或五证合一)营业执照、法定代表人及配偶身份证、企业实际控制人及配偶身份证及婚姻证明等基础材料。 2. 按照保函业务申请人公司章程规定需要提交的同意申请该项保函的正式文件，其他按规定需要提交的有关授权文件。 3. 借款企业财务数据、银行流水等资料。 4. 邮储银行认为必要的其他材料
办理流程	1. 客户提出申请。 2. 受理与调查。 3. 审查与审批。 4. 合同签署。 5. 保函出具。 6. 贷后检查。 7. 保函的修改、索赔和履行、失效
服务渠道	办公地址：江苏省徐州市新城区绿地商务城蓝海 E 座 咨询电话：0516-93727032

产品实例 1

邮储保函 “保”驾护航

徐州浩通新材料科技股份有限公司成立于 2005 年 6 月，是集贵金

属、水射流设备、废电器电子产品处理、等离子设备等研发和生产为一体的高新技术企业。该企业是徐州市绿色企业，省级循环经济试点单位、资源综合利用类企业，建有江苏省贵金属综合利用工程技术研究中心，是国家发展和改革委员会认定的“循环经济和资源节约重大示范项目”基地。

2020 年 7 月，企业需向扬子石化公司采购原料，为节省资金占用成本，基于该贸易背景需求，向邮储银行徐州市分行申请国内履约保函。邮储银行徐州市分行积极支持企业复工复产，帮助企业节省融资成本，简化企业融资手续，完成了邮储银行省内首笔小企业保函业务。该笔业务从受理到资金到位仅用了不到一周的时间，费率低至万分之五，无抵押，金额高达 1 050 万元。

本次“国内保函”的开立，有效解决了企业的融资难题，为该企业在抗击新冠肺炎疫情期间复工复产提供坚实的保障。邮储银行徐州市分行优秀的服务态度、高效的服务流程获得了客户的认可，赢得了企业的信赖与支持。该笔业务的成功办理意味着邮储银行徐州市分行综合金融服务能力得到进一步提升，产品服务体系进一步完善。

特色产品 2

人　才　贷

产品简介	本产品是邮储银行向培养期内的县(市、区)级及以上人才计划内的人才企业发放的无抵押无担保纯信用的短期流动资金贷款，用于支持企业的科技开发、新产品试制及扩大生产经营等
产品特点	1. 纯信用贷款，企业无须提供抵押担保。 2. 还款方式多样，企业可根据生产周期资金需求灵活选择

续表

准入条件	1. 借款企业正常经营 6 个月及以上。 2. 借款企业法定代表人、实际控制人、人才股东及其配偶无不良信用记录。 3. 借款企业符合《关于完善省级创新创业才人风险补偿贷款业务的通知》(苏人才办〔2019〕40 号)支持的人才企业范围。 4. 邮储银行规定的其他条件
提供材料	1. 借款企业三证合一(或五证合一)营业执照,法定代表人及配偶身份证、企业实际控制人及配偶身份证或婚姻证明等基础材料。 2. 借款企业法定代表人或实际控制人或股东人才资格证明材料等。 3. 借款企业财务数据、银行流水等资料。 4. 邮储银行认为必要的其他材料
办理流程	1. 客户提出申请。 2. 受理与调查。 3. 审查与审批。 4. 授信条件落实。 5. 贷款发放
服务渠道	办公地址:江苏省徐州市新城区绿地商务城蓝海 E 座 咨询电话:0516-93727032

产品实例 2

“普惠情”助力小微 “人才贷”带来机遇

徐州某信息化学品有限公司是江苏省民营科技企业,成立于 2010 年 3 月 25 日,主营金刚烷等系列产品及相关化工产品生产、销售,承担江苏省及国家产业振兴和技术改造项目。企业实际控制人从事本行业 10 多年,荣获江苏省高层次创新创业人才、徐州市拔尖人才、邳州市十大杰出青年等荣誉称号。

2019 年企业扩大再生产,新建工厂占用大量资金。近期,企业因购买化学品原材料,需要向山西某化工科技股份有限公司支付货款 620 万元,企业自有资金 120 万元,资金缺口 500 万元,但是企业及企业主个人名下抵押物已全部抵押给其他银行,缺乏有效担保,获得融资难度较大。邮储银行徐州市分行了解到企业诉求后,积极受理,为企业发放“人才贷”纯信用贷款500万元，发放利率仅为4.65%，较其他纯信用贷款低25 BP，为企业节省年利息1.25万元。

本次500万元贷款的发放，有效解决了企业在缺少抵押担保等条件下的融资难题，根据企业主的人才资格给予纯信用贷款支持，企业主体验感很好，体现了邮储银行徐州市分行有效响应徐州市委市政府人才政策，切实用金融手段支持徐州地区更多的高层次人才创新创业。

特色产品3

上　市　贷

产品简介	本产品为邮储银行以信用方式向赴证监会申报在上交所或深交所上市(含主板、中小板、创业板、科创板)的企业，及已在上交所或深交所上市的企业发放的短期人民币流动资金贷款业务，用于支持企业生产、流通或其他合法生产经营过程中的流动资金贷款需求
产品特点	1. 纯信用贷款，企业无须提供抵押担保。 2. 还款方式多样，企业可根据生产周期资金需求灵活选择
准入条件	1. 借款企业正常经营6个月及以上。 2. 借款企业法定代表人、实际控制人、股东及其配偶无不良信用记录。 3. 企业为股份有限公司，持续经营5年及以上，最近3年内主营业务、董事、高管没有发生重大变化，且实际控制人没有变更，主要资产不存在重大权属纠纷。 4. 企业股票不得为ST、*ST股票，企业环保、安全证照必须齐全，企业不得有频繁的相关处罚记录。 5. 邮储银行规定的其他条件
提供材料	1. 借款企业三证合一(或五证合一)营业执照，法定代表人及配偶身份证、企业实际控制人及配偶身份证或婚姻证明等基础材料。 2. 借款企业财务数据、银行流水等资料。 3. 邮储银行认为必要的其他材料
办理流程	1. 客户提出申请。 2. 受理与调查。 3. 审查与审批。 4. 授信条件落实。 5. 贷款发放
服务渠道	办公地址：江苏省徐州市新城区绿地商务城蓝海E座 咨询电话：0516-93727032

产品实例 3

金融活水来　民企乐开怀

徐州市某数码科技股份有限公司成立于 2006 年 5 月，依托领先的智能发光二极管(LED)照明技术和无线光频通信技术，研发、生产和销售智能照明解决方案、智能 LED 照明产品及其零部件，提供智慧交通、智慧文旅、智慧园区整体解决方案，以满足客户各种应用场景下的城市亮化、道路照明、光频通信、节能管理及其配件等需求。企业实际控制人从事本行业 39 年，荣获徐州市创新创业人才等荣誉称号。

企业因购买生产用原材料，需要向上游供货商支付货款 1 300 万元，资金缺口 1 000 万元，但是企业及企业主个人名下抵押物已全部抵押给其他银行，缺乏有效担保，获得融资难度较大。邮储银行徐州市分行了解到企业诉求后，认为该企业为拟上市企业且处于辅导期，积极为企业争取授信额度，并发放“上市贷”1 000 万元，贷款利率仅为 4.0%，低于其他纯信用贷款产品 80 BP，为企业节省年利息 8 万元。

“上市贷”的发放，有效地缓解了民营企业上市过程中的融资难题，为企业上市提供了有力的资金支持。邮储银行徐州市分行将继续响应徐州市委市政府关于落实支持小微民营经济发展和支持企业复工复产工作要求，不断增强小微企业金融服务能力，为徐州地区实体经济的发展注入源源不断的资金活水。

徐州农村商业银行

银行特色做法

徐州农村商业银行准确把握关于振兴徐州老工业基地、建设淮海经济区中心城市的战略部署，认真贯彻落实中国人民银行关于支持制造业、实体经济的工作要求，做好金融配套服务，在控制风险的前提下，多措并举提升金融服务制造业质效。截至2020年9月末，徐州农村商业银行制造业贷款余额48.89亿元，2020年1—9月新发放贷款32.92亿元，惠及276户（其中普惠小微企业200户）。

优化内部考核机制，提高工作人员积极性

徐州农村商业银行鼓励员工深入了解受新冠肺炎疫情影响的客户需求，以存量贷款为基础，向客户关联企业、上下游客户充分调研，着力满足客户需要。通过设置小微企业贷款专项奖励、优秀客户经理奖项、先进单位等激励措施，调动全行员工支持制造业企业的积极性。

主动减费让利，合理控制融资成本

徐州农村商业银行综合考虑资金成本、运营成本、服务模式以及担保方式等因素，合理确定制造业企业贷款利率，对先进制造业企业提供优惠利率贷款。对因受新冠肺炎疫情影响，生产经营暂遇困难的企业主动减免服务收费，承担全部评估抵押费用。

突出产品特色，科学匹配期限

在传统贷款产品基础上，根据制造业企业生产经营特点、规模、周期和风险状况，推出免抵押、免担保的“供应商便捷贷”“税易贷”，以及支持全额抵押的“抵押快贷”等产品，为企业合理确定贷款期限和结息周期，放宽优质制造业企业流动资金贷款期限，强化金融对制造业的支持力度。

优化抵押担保，提高办贷时效

根据制造业企业自身实际状况，适度提高工业聚集区标准工业厂

房、工业用地抵押率标准；坚持审核第一还款来源，减轻对抵押担保的过度依赖，对公司治理完善、负债水平合理、信用良好的制造业优质企业合理增加信用贷款，降低承兑汇票保证金比例。开通新冠肺炎疫情防控期间信贷业务审查审批绿色通道，对涉及新冠肺炎疫情防控的信贷业务简化审批流程，采取线上、远程和视频会议等方式进行审批，着力提高审批效率。

特色产品 1

企业复工贷

产品简介	本产品面向因受新冠肺炎疫情影响，在生产经营、后续复工复产遇到材料采购、支付职工工资等方面暂遇困难的小微企业（含小微企业主和个体工商户）发放的流动资金贷款
产品特点	1. 担保方式多样，支持信用放款，额度最高 200 万元。 2. 快速审批，1 个工作日即可完成。 3. 年化利率最低至 4.15%。 4. 还款灵活，可根据需求制订还款计划。 5. 线上线下相结合，客户可以线上申请，一对一服务
准入条件	1. 经营期限 12 个月（含）以上，银行流水、电费发票、纳税申报表、工资单、销售发票或单据中提供任意 1 种即可。 2. 具有稳定的还款来源。 3. 借款人信用良好，无重大不良信用记录
提供材料	1. 借款人为个人，需提供身份证、户口簿，已婚的还应提供结婚证、配偶身份证原件和复印件；借款人为公司，需提供工商营业执照、经营许可证等证明资料。 2. 企业正常经营的相关证明材料，如银行流水、电费发票、销售发票、工资单等。 3. 贷款相关用途材料
办理流程	1. 线上申请，在 e 行徐州 App 申请并输入基本信息。 2. 客户经理对接，进行调查评估，并提交贷款审批。 3. 签订合同及发放贷款，额度不超过 30 万元可实现手机银行线上放款
服务渠道	办公地址：徐州市铜山区北京南路 26 号 咨询电话：0516-83867918

产品实例 1

创业者的“呼保义”　企业家的“及时雨”

江苏悦坤食品有限公司于 2014 年 1 月注册成立，经营地点位于徐州市铜山区张集镇工业园内。企业厂房面积约 10 000 平方米，员工 100 余人，拥有自动化生产线 4 条，自动化包装机 1 台，主要经营徐州经典小吃——馓子的加工制作销售，是苏北地区最大的馓子制造商。2020 年以来，受新冠肺炎疫情影响，企业上游原材料无法正常采购，原本在春节属于销售旺季的饭店等下游客户需求不足，商品库存积压严重，企业经营面临资金链断裂的困难局面。

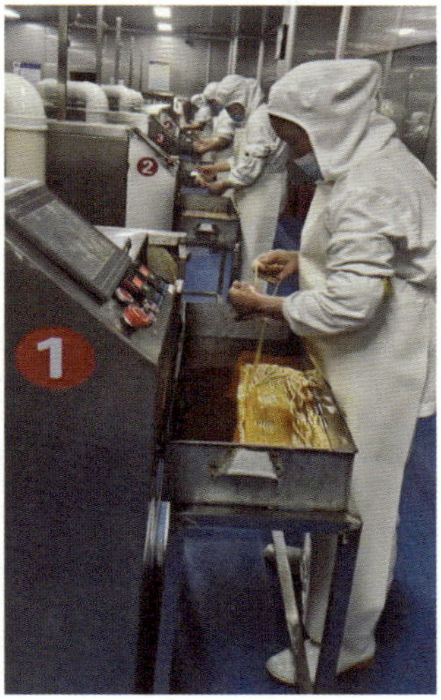

在了解到江苏悦坤食品有限公司困难情况后，徐州农村商业银行急企业之所急，设身处地向企业推荐“企业复工贷”产品。该产品担保方式灵活，从提出贷款申请到调查、授信和用信各环节，实行限时办结制，做到资料简、审批快、利率低，能够及时满足制造业企业复工复产、扩大经营规模等经营活动的资金需求。在与企业负责人沟通协调后，徐州农村商业银行仅用 2 天时间就通过“企业复工贷”产品向该企业提供 500 万元贷款资金支持，利率为 4.55%，其中 300 万元购买鸡、鱼、肉、海鲜、面、油等 30 多种原材料用于复工复产，200 万元用于建设徐州馓子文化馆。

2019 年，徐州农村商业银行曾为江苏悦坤食品有限公司推荐“苏农担”产品，由江苏省农业融资担保有限责任公司提供担保，利率享受优惠，由原来的 7.4%下降至 4.785%，贷款授信额度由原来的 150 万元提高到 200 万元。

在徐州农村商业银行的支持下，江苏悦坤食品有限公司迅速恢复正常运营，新冠肺炎疫情得到有效控制后，产销规模持续扩大。目前，该企业生产的“永厨”牌馓子已销往江苏省内其他城市以及安徽、河南、山东、山西、新疆等地。该企业运用徐州农村商业银行资金支持创新开发的“地锅饼”“荷叶夹”“红福鱼”“清真牛羊肉系列”等20余种产品销往全国各地，取得了良好的经济效益；新增吸纳就业岗位30余个，带动上游合作伙伴20余家恢复正常经营，取得了良好的社会效益。

特色产品2

抵押快贷

产品简介	本产品为面向各类信誉较好的、经营情况较好的、有资产抵押的小微企业提供的专项贷款
产品特点	1. 额度高：单户最低10万元（含），最高可贷1 000万元（贷款额度可与抵押物评估价值持平）。 2. 期限长：最长可贷款3年。 3. 用途广：各类制造业、服务业、农林牧渔业企业均可申请。 4. 速度快：最快3个工作日办理完毕。 5. 利率低：年化利率最低6.09%（可视情况调整）
准入条件	1. 注册地、实际经营地或主要经营场所在本行服务辖区内，符合本行同类信贷客户准入标准。 2. 企业近5年内无不良信用记录。 3. 本行规定的其他条件
提供材料	1. 企业客户需提供营业执照、公司章程、法定代表人及实际控制人身份证明材料；个人客户提供身份证、户口簿、结婚证等。 2. 贷款用途相关材料。 3. 抵押物权证等相关资料
办理流程	1. 客户具有融资需求，提出贷款申请。 2. 客户经理对接，进行调查评估。 3. 有权审批人员对申请人进行调查，通过信贷管理系统提交审查审批，对于符合条件的贷款予以审批通过。 4. 签订合同及发放贷款
服务渠道	办公地址：徐州市铜山区北京南路26号 咨询电话：0516-83867918

产品实例 2

额度不打折扣 放款快人一步

徐州天维贝莱机械科技有限公司于2012年5月17日依法登记成立，办公地址位于徐州市铜山区驿城工业园，现有员工50余人。该企业为高新技术企业，拥有进出口许可证，专利16个，商标2个，主要经营产品为回转机构、回转支承、无线遥控器及数控比例多路阀等。企业年销售收入2 000余万元，其中，对外出口占比30%—40%。2020年突如其来的新冠肺炎疫情给公司发展蒙上阴影，出口业务直接下跌为零，国内需求也出现断崖式下跌，销售收入短期内急剧减少。在耗尽前期经营积累存储的应急资金后，企业最困难的时候连工人工资都无法保证按时发放。

徐州农村商业银行通过与企业负责人沟通了解到，企业要运转，工人是关键，特别是已经培养了多年的熟练技术工人，对企业产品质量的保障尤为重要。如何保证一起打拼的工人兄弟们能按时拿工资、维持家庭正常开支是该企业负责人的心头大事。“销售收入没有了，我就动用储备资金；储备资金没有了，我就卖房子，无论如何不能让工人没有基本收入。”有情有义的企业老板的表态深深打动了徐州农村商业银行的工作人员。

徐州农村商业银行认为，在国家各级政府和广大群众的共同努力下，社会经济生活必将能够迅速恢复，于是为该企业推荐“抵押快贷”产品。该产品贷款金额大，可以与评估价值持平，在贷款额度上能够满足企业需求；办理时间快，3天资金就能到账；贷款期限长，一次贷款长达3年时间，可有效地缓解企业还款压力。企业负责人愉快地接受了该产品，获得了3年期“抵押快贷”190万元，并表示这笔贷款缓解了燃眉之急，保护了一厂的工人兄弟。

质量是徐州天维贝莱机械科技有限公司核心价值的延伸，是企业的生命。2020 年 4 月，新冠肺炎疫情得到有效控制后，该企业迅速复工复产，秉承"客户至上、质量至上"的宗旨，为客户创造大价值。在国家推进新基建等政策影响下，该企业的下游客户需求猛增，带动销售迅速反弹，企业经营逐渐走向正轨。有了徐州农村商业银行的支持，该企业负责人表示再也不会为经营资金发愁，可以全身心地投入到企业的生产管理中去，争取 1 年内将损失补回来，要对得起徐州农村商业银行的信任和全厂工人兄弟的重托。

江苏铜山锡州村镇银行

银行特色做法

2009年江苏铜山锡州村镇银行成立之初就以“支农、支小”为己任，本着立足铜山、辐射周边的原则，稳步增加对当地的信贷投放。截至2020年9月末，江苏铜山锡州村镇银行各项贷款余额7.03亿元，其中制造业贷款3 101万元，惠及企业8户。

近年来，江苏铜山锡州村镇银行紧跟科技潮流，积极推动信贷系统升级，成立了放款中心，简化了放款流程，提高了贷款审批效率。同时，修订了《信贷资产风险责任追究管理办法》《授信工作尽职评价暂行办法》，规范客户经理考核标准，加大对民营企业特别是制造业贷款的激励力度。

特色产品

周 转 灵

产品简介	本产品期限一般为1年期以内，主要用于借款企业日常生产经营周转，向有利于经济持续、快速、健康发展和各项社会事业全面进步的中小微企业、新型农村经济合作组织以及具有较大竞争力和发展潜能的新兴行业倾斜
产品特点	1. 审批流程简便，出款速度快。 2. 注重上门调查，根据企业实际情况制定方案，不拘泥于传统的贷款
准入条件	1. 借款人依法经行政管理机关或主管机关核准登记。 2. 借款人信用状况良好，无重大不良记录。 3. 借款人生产经营合法、合规，符合国家的产业、土地、环保等相关政策。 4. 借款用途明确、合理、合法。 5. 借款人具有持续经营能力，有明确的、合法的、充足的还款来源
提供材料	1. 借款人基本情况材料：反映借款人基本情况的营业执照等证件，以及法定代表人、主要负责人的身份证明等。 2. 借款人生产经营情况资料：财务报表、各类税费和水电费缴纳以及工资发放等资料。 3. 借款人申请贷款资料：购销合同、贷款用途证明资料、股东会或董事会借款决议、各类授权文件、担保人基础资料以及抵质押物权属证明。 4. 江苏铜山锡州村镇银行认为需要提供的其他资料

续表

办理流程	1. 借款人需要流动资金贷款，应向江苏铜山锡州村镇银行提出书面申请，内容至少包括借款金额、借款用途、还款来源等。 2. 江苏铜山锡州村镇银行对借款人提供的资料进行认真审核，做出是否受理的意见。 3. 信贷业务部门调查岗对受理的流动资金贷款申请进行尽职调查。 4. 调查人员根据调查情况形成书面调查报告。 5. 审批通过后企业按照计划进行正常还本付息
服务渠道	办公地址：徐州市铜山经济开发区上海路28号 咨询电话：0516-83917806

产品实例

惠企福袋“周转灵” 助力小微共成长

江苏天一鱼糜制造有限公司成立于2017年8月17日，注册资金为1.2亿元，主要经营水产市场管理和鱼糜加工销售等。2019年下半年调试运营以来，冷库建设已经完全成熟，鱼糜加工生产线趋于稳定。

该公司与徐州天依鲜冷链物流市场有限公司签订了购买冷冻鱼的购销合同，合同金额1 000万元。江苏铜山锡州村镇银行经过调查了解到企业自筹部分资金尚有缺口，在严格把控信贷风险的基础上，向企业推荐“周转灵”产品，及时给予该公司一年期800万元流动资金贷款，有效地支持了公司的正常运转。

在金融系统的支持下，该公司购销合同及计划得以顺利进行，生产规模得以扩大，利润明显增长，对于“周转灵”产品该公司负责人给予充分认可。目前，该公司成为徐州地区最大的水产交易中心，销售市场辐射整个淮海经济区。

徐工集团财务有限公司

机构特色做法

徐工集团财务有限公司作为服务徐工集团（简称“集团”）主业高质量发展的“产业银行”，成立以来始终秉承“依托集团、服务集团”的经营理念，以高质高效的服务和不断创新的产品对成员单位提供精准优质的金融支持，推动集团在高端装备制造领域稳步发展。

大力发展科技金融，催化集团主业更高质量发展

与徐州市知识产权局合作签约，创新推出以专利权、商标权为质押的流动资金贷款产品“智融贷”，贷款到期后按照规定申请以奖代补资金。截至2020年9月末，徐工集团财务有限公司已为10家成员单位办理“智融贷”5.11亿元，公司经过与市政府有关部门多次沟通，主动作为，积极为4家成员单位成功申报“智融贷”奖补，合计超过100万元。

助力集团产业发展，强化产业链金融支持力度

在企业全面复工复产的市场复苏背景及国内大循环为主体的经济发展格局下，徐工集团财务有限公司紧紧围绕集团主业产供销全链条高质量发展需求，以“专业、专注、专一”的工作态度向集团全产业链提供了高质高效的金融服务。2020年1—9月，累计向产业链客户提供信贷支持63.09亿元，同比增长77.07%；截至2020年9月末，产业链金融业务余额57.78亿元、同比增长80.99%，办理各项业务669笔、同比增长71.86%，显著促进了集团各成员单位原材料采购及产品销售的质效提升，为集团上下游产业链小微、民营企业发展提供了关键支持。新冠肺炎疫情发生以来，累计为集团产业链252户小微、民营企业及个体工商户提供信贷支持30.86亿元，减免各项融资费用约7 374.24万元；累计对96户小微、民营企业的按揭及融资租赁业务办理了延期还款金额3 354.57万元；对7户湖北地区小微、民营企业执行了免息延期政策，免息金额共计32.65万元。

深化国际金融服务，引领集团海外征程

徐工集团财务有限公司积极发挥平台作用，通过加大信贷支持力

度、搭建外币资金集中平台、打通境内外资金运用渠道、开展外汇即期交易等措施，助推集团国际化战略实施，特别是“一苻一路”业务的拓展。一是为进出口公司等成员企业发放各类本外币贷款，促进出口及时回款，拓展国际贸易；二是省内首家搭建跨境资金池，集中管控集团本外币资金，打通境内外资金双向流通渠道，支持境外企业经营周转；三是省内首家开办即期结售汇业务，对集团结售汇交易进行闭环操作，对外汇头寸先统一进行内部对冲，再进行外部平盘，有效降低集团整体汇率风险，节省成员单位购汇成本，增加结汇收入。2020 年 1—9 月，累计办理即期结售汇超 5 亿美元，增收节支超过 500 万元。

特色产品 1

智　融　贷

产品简介	本产品是与徐州市知识产权局合作签约，创新推出的一项科技金融服务产品，客户通过专利权、商标权质押的方式向徐工集团财务有限公司申请流动资金贷款，并在贷款到期后按照规定申请以奖代补资金
产品特点	1. 以奖代补资金从市级知识产权(专利)专项资金中安排，用于奖补客户贷款利息。 2. 以奖代补计算标准为贷款发放时中国人民银行公布的同期同档贷款基础利率。 3. 每笔业务奖补金额不超过 30 万元。同一客户通过不同的专利进行质押获得多笔贷款，可以同时申请以奖代补，但同一年度内获得的以奖代补金额不超过 30 万元
准入条件	1. 申报客户需为徐工集团财务有限公司的成员单位。 2. 申报客户需为徐州市行政区域内的企业，具体包括各县(市)、区、徐州经济技术开发区、徐州高新技术产业开发区的企业。 3. 申报客户需符合下列条件之一：高新技术企业、科技型中小企业、江苏省高新技术企业培育库库内企业、江苏省科技金融风险补偿备选企业库库内企业、江苏省民营科技企业、其他尚未获得以上资质但具有自主知识产权且专利处于有效期内的企业。 4. 客户在获批办理本业务至申请以奖代补资金期间，需至少申请 5 件专利，方可按标准足额获得以奖代补资金。如申请专利不满 5 件，每少 1 件专利，以奖代补资金按照标准相应减少 20%。 5. 客户申请本业务以奖代补资金时，需已开展知识产权管理标准化工作(即知识产权“贯标”创建备案)。 6. 客户申请以奖代补资金，应同时具备以下条件：已按期还本付息，不存在违约行为，无贷款不良记录，提供的专利已在国家知识产权局办理专利权质押登记手续，并在徐州市知识产权局进行备案，质押期间出质的专利权权属清晰、法律状态明确有效

续表

提供材料	1. 营业执照。 2. 出质的专利权证书。 3. 专利权质押登记通知书。 4. 省知识产权局贯标备案文件或其他贯标创建相关证明材料。 5. 专利申请受理通知书或专利授权证书(专利申请日需在规定期限内)。 6. 其他证明材料
办理流程	1. 符合准入条件的企业,向徐工集团财务有限公司提交书面申请,申请书应写明借款金额、用途、期限等有关要素,加盖公章及法人章。 2. 徐工集团财务有限公司金融服务部受理借款申请,并对客户进行尽职调查。 3. 徐工集团财务有限公司对贷款申请事项进行风险合规审查、审批。 4. 内部审批通过后,徐工集团财务有限公司与客户签订借款合同、专利权质押合同、担保合同等,履行贷款放款程序,并按约定用途进行受托支付。 5. 客户偿还全部贷款本息。 6. 客户还款后,应在6个月内提出以奖代补申请,超过时限徐州市知识产权局不予受理
服务渠道	网址:www.xcmg.com/xgfc/ 办公地址:徐州经济技术开发区驮蓝山路26号 咨询电话:0516-87565061

产品实例 1

力推科技金融　催化集团主业高质量发展

徐州徐工随车起重机有限公司是徐工集团全资子公司,成立18年来始终致力于随车起重机、桥梁检测车、高空作业车以及清障车专业化研发、制造及营销服务。公司现有4大类、40多个系列、400多种型号产品,其中随车起重机连续15年国内销量第一,连续8年市场占有率保持50%以上,2019年保持61%以上。公司主持起草了《起重机　随车起重机安全要求》(GB/T 26473—2011)、《随车起重机》(JB/T 12577—2015)、《桥梁检测车》(QC/T 826—2019)行业标准,主持修订《随车起重运输车》(QC/T 459—2014)行业标准,拥有有效授权专利278项,其中授权发明专利60项。2019年度工程机械行业持续向好,徐州徐工随车起重机有限公司各品类产品产销两旺,产生了因产销量大幅增长与货款回笼期限错配导致的阶段性资金需求。

徐工集团财务有限公司根据企业申请，通过将徐州徐工随车起重机有限公司自有知识产权办理质押登记手续，为其提供了 2 000 万元的流动资金支持，并协助其成功申请知识产权质押融资奖补 21 万元，有效降低了融资成本。

通过徐州徐工随车起重机有限公司办理"智融贷"业务，让徐工集团的知识产权插上金融的翅膀，起到了如虎添翼的作用。一方面，将企业专利有效盘活，通过知识产权金融价值的充分挖掘，进一步拓宽了融资渠道，降低了融资成本，传播了更加优质的品牌形象；另一方面，以科技金融的创新发展更大程度催化了科技研发的内生活力和动能，加快助力徐工集团在高质量发展的道路上实现行业"珠峰登顶"的目标。

产品介绍 2

"一头在外"应收账款保理贷款

产品简介	本产品为以徐工集团直接供应商对徐工集团成员单位的应收账款为标的应收账款保理融资，期限为 3 个月至 1 年，主要用于供应商日常经营支出。按保理项下的应收账款是否保留对卖方的追索权划分，可分为有追索权保理业务和无追索权保理业务
产品特点	1. 期限平均在 1 年以内，可灵活申请。 2. 贷款利率采用固定利率方式，定价灵活且总体优于银行等传统平台。 3. 基于借款人对成员单位的应收账款，借款人无须提供抵质押等。 4. 对应的应收账款付款方（徐工集团成员单位）还本，利息承担及支付方式可协商灵活定制

续表

准入条件	1. 因向徐工集团成员单位销售商品、提供服务而形成的应收账款。 2. 因向徐工集团成员单位提供商品、劳务或固定资产项目建设而形成的供应商、承包商对徐工集团成员单位的应收账款。 3. 应收账款权属清楚，没有瑕疵，卖方未将其转让给任何第三方，也未在其上为任何第三方设定任何质权和其他优先受偿权。 4. 卖方与买方在合同中未约定应收账款不得转让的条款。 5. 应收账款还款期限一般应在 1 年以内，最长不超过 2 年，分期付款方式的应收账款，还款期限可延长至 3 年
提供材料	1. 保理业务申请书。 2. 有效的企业法人营业执照副本复印件。 3. 法定代表人身份证复印件。 4. 公司章程。 5. 连续 2 年的审计报告或财务报表和近 2 个月财务报表（成立未满 2 年的，提供最近 1 年的审计报告或财务报表）。 6. 购销合同及商业发票复印件。 7. 应付款项方出具的应付款项确认函。 8. 融资用途证明资料等
办理流程	1. 保理对象（保理融资人）向徐工集团财务有限公司申请办理“一头在外”保理业务，徐工集团财务有限公司产业链金融部进行业务对接。 2. 徐工集团财务有限公司产业链金融部受理申请，并对卖方和买方资信及交易情况进行调查与审查。 3. 信贷经理与企业商定贷款模式，收集业务资料。 4. 徐工集团财务有限公司进行内部评审。 5. 签署合同，应收账款转让协议及买方确认。 6. 新客户需要办理财务公司开户手续，满足贷款条件后进行贷款发放。 7. 保理到期，债务人（徐工集团成员单位）还款至还款专户，进行融资核销
服务渠道	办公地址：徐州市经济开发区驮蓝山路 26 号 咨询电话：0516-87565196、0516-87565366、0516-87565389

产品实例 2

应收账款保理到 双方共赢效益来创造

徐州胜海机械制造科技有限公司是一家已经与徐工集团合作 20 余年的战略合作供应商，位于徐州市丰县，是徐州市 50 强民营企业之一。该企业专业研究、制造工程机械配件、风力发电设备和金属复合耐磨材料，是省级高新技术企业，具有年产各种铸件 20 万吨的生产能力。目前，企业主要为徐工集团提供起重机、装载机配重类产品，平均每年供货金额达数亿元，为优质重点合作供应商，生产规模较大，流动资金需求量大，但由于融资渠道受限，存在较大的融资缺口。

徐工集团财务有限公司基于其产品购销规模和历史供货信誉，向其提供“‘一头在外’应收账款保理贷款”融资支持，不需要提供抵押等担保。保理融资额度可循环使用，不受时间和单笔金额限制，还款方式灵活。

区别于传统信贷模式，该企业获得融资款仅需要支付相较于传统金融产品优惠的利息，不需要承担后期本金的还款，本金还款由徐工集团购贷方承担，资金获得方和保理融资标的物应收账款的还款方实现主体分离，更大程度减轻了企业的融资压力。

2017 年以来，徐工集团财务有限公司已为该企业办理了 15 笔有追索权“‘一头在外’应收账款保理贷款”，累计发放保理融资 1.76 亿元，其中，新冠肺炎疫情防控期间为其办理应收账款保理融资 3 000 万元，融资利率较原平均水平低 53 BP，极大地缓解了企业日常运营资金紧张的局面，显著降低了企业的融资成本，保证了企业的正常运营。

徐工集团财务有限公司通过为该企业办理“‘一头在外’应收账款保理贷款”，拓宽了企业融资渠道，盘活了大量应收账款，有效解决了企业融资难、融资贵的问题，累计为企业节约融资成本超 350 万元，缩短了回款周期，及时缓解了企业短期资金紧缺的局面，得到了企业的好评。同时，为其他优质制造类小微供应商开展此类业务树立了典范，为徐工集团财务有限公司实现该类业务的规模化开展夯实了基础，促进相关制造类企业的健康发展。此外，有效丰富了徐工集团成员单位的结算方式，一定程度上缓解了徐工集团成员单位集中支付的压力，同时通过此业务提高了徐工集团上游供应商客户的合作黏度，维护了良好的采供关系，实现了多方共赢，促进了整个工程机械制造产业生态圈的高质量运行。

徐工巴西银行

徐工巴西银行于巴西时间 2020 年 6 月 15 日获巴西中央银行批准开业，成为中国制造业第一家海外银行，实现了中国工程机械企业将产业与金融结合的一大突破，引起了巴西各界广泛关注。

徐工巴西银行注册资金 1 573.98 万美元，注册地址位于巴西米纳斯州包索市徐工巴西工业园区内，股东现为徐工集团。徐工巴西银行持有“融资租赁”“信贷业务”“投资银行”3 个金融牌照，可从事融资租赁、流动资金贷款和消费信贷，以及同业拆借和投资等业务，将成为江苏省省级海外工业园——徐工巴西工业园的共享金融平台。

徐工巴西银行的成立是徐工集团在国际化征程中写下的浓墨重彩的一笔，是中资制造企业首次在美洲大陆获得银行牌照，实现了以海外市场为中心开展金融服务体系建设、提升海外市场竞争力的国际化战略布点，形成了极具战略意义的徐工集团海外财富，开启了徐工集团国际化的新篇章。

第 二 篇

县域特色篇

金融赋能丰县电动车产业提档增速

走创新发展之路，产业格局日臻完善

丰县电动车产业始于2000年，历经20余年的发展，走过了一条从无到有、从小到大、从弱到强、从分散到集聚集群、从非机动车到机动车辆的创新发展之路。如今在丰县已形成了集整车生产、零部件配套、研发创新、销售服务、物流运输等为一体的较为完整的电动车产业链，“一园一城三基地四中心”的竞相发展使产业格局日臻完善。

产业规模优势明显，产业链条不断延伸。截至2020年9月末，据丰县各镇（街道）上报统计，全县拥有电动车整车和配件生产企业291家。其中，百事利电动车、速利达金属科技、平安人家电动车、欧皇电动科技、南普机电等15家电动车生产企业获得“国家高新技术企业”称号。电动三轮车的所有部件在丰县均有企业专业从事生产，丰县已成为全国乃至全世界品种最全、配套最完善、更新速度最快、产量最大的电动三轮车生产、研发基地和配件集散地。

销售网络拓展迅速，辐射能力持续提升。目前，丰县电动三轮车销售市场已扩展到全国各地，网点上万个，占据国内电动三轮车市场较大份额，电机生产占据国内90%以上的市场份额。在做好国内市场的同时，部分企业积极响应国家“一带一路”倡议，积极开拓国际市场，目前已成功出口至韩国、越南、缅甸、孟加拉国、印度、巴基斯坦、老挝等国家，市场得到进一步拓展，产业国际影响力不断彰显。

汇集金融要素，“贷”动产业发展

中国人民银行丰县支行紧盯“工业立县、产业强县”发展战略目标，坚守“金融为民”初心，精准跟进地方制造业特色产业，综合运用政策工具、强化窗口指导、搭建互动平台，“贷”动电动车产业发展。

发挥政策工具精准“滴管”作用。中国人民银行丰县支行争取再贷款额度，提升辖区法人银行信贷支持能力，指导法人银行将信贷资源向电动车产业领域倾斜。2020 年 1—9 月，为丰县 2 家地方法人银行争取再贷款专用额度 6.25 亿元，已全部投放完毕。指导法人银行对电动车产业领域到期贷款实施延期付息安排，加强政策精神宣传，做到“应知尽知”“应延尽延”。

指导法人银行创新金融产品。中国人民银行丰县支行指导辖区金融机构加大对电动车行业信贷产品的投放力度，创新电动车行业信贷产品，如丰县农村商业银行的“复工贷”、丰县民丰村镇银行的“法人贷”、中国建设银行丰县支行的“抵押 E 贷”、江苏银行丰县支行的“税 E 融”等线上产品。对信用良好、积极纳税的电动车行业企业客户，要求法人银行做到“应贷尽贷”“应贷快贷”。

搭建双月观摩银企互动平台。中国人民银行丰县支行建立产业园双月观摩机制，会同地方金融监督管理局，每 2 个月组织辖内银行业金融机构、融资担保公司等地方性金融组织开展企业观摩活动，切实摸实情、解诉求、送服务，畅通金企对接渠道，增进金企互信，增强企业金融服务获得感。引导银行业金融机构合理下调小微企业贷款利率，协调地方性金融组织常规服务收费“能减尽减”，推动小微企业综合融资成本进一步下降。

金融大数据助力融畅工程。中国人民银行丰县支行推动徐州开瑞融资担保有限公司出资成立丰县普瑞金融服务公司，通过金融服务公司服务顾问全方位走访调查、对接相关机构，搭建金融大数据应用平台，利用数字丰县建设的法人库数据，经过线上对电动车企业信用进行评估，通过信息服务体系建设，实现政银企之间的联通互动，提升银企对接成效，发现和增进小微企业的信用价值，有效缓解电动车企业融资困难。

金融为民助企成效显著

截至 2020 年 9 月末，丰县各项贷款余额 356.04 亿元，比年初增加 78.12 亿元、增长 28.11%，增速超过徐州市平均水平 9.16 个百分点。其中，丰县电动车产业领域贷款余额 8.89 亿元，比年初增加 3.42 亿元、增长 62.52%。2020 年 1—9 月累计投放电动车产业贷款 5.18 亿元；贷款加权平均利率 5.33%，比年初下降 75 BP，进一步促进了电动车企业综合融资成本下降，减轻了企业负担，让企业轻装上阵、人民群众更有获得感。

目前，丰县已有江苏安迪泰机车制造有限公司、江苏欧皇电动科技有限公司、江苏速利达机车有限公司、江苏宗申车业有限公司徐州分公司等 13 家企业获得国家电动摩托车生产资质准入，116 款产品在工信部公告目录内。丰县成为县级企业申报电动摩托车生产资质最多、获批最多的地区，其中部分整车企业进行战略升级，发展新能源汽车零配件和其他专用车辆配套产品，开拓了国外市场份额，在东南亚市场站稳了脚跟，实现了电动车产业提档增速的战略目标。

丰县农村商业银行

银行特色做法

丰县农村商业银行根据丰县“工业立县、产业强县”的战略目标，认真贯彻落实服务实体经济要求，坚守支农支小市场定位，深耕“三农”和小微市场，精准跟进县域制造业发展，积极对接制造业客户，做好金融配套服务。截至 2020 年 9 月末，丰县农村商业银行制造业贷款余额 8.45 亿元，较年初增加 1.4 亿元。

主动对接服务，加大宣传力度

积极参与政银企对接活动，主动对接市场监督管理局获取制造业企业名单，组织客户经理按照名单逐户走访，核实名单内企业是否正常生产或是否有经营实体，了解企业受新冠肺炎疫情影响情况及金融服务需求。客户经理携带宣传彩页对正常经营企业逐户上门提供金融服务，推广丰县农村商业银行贷款、结算、电子银行等业务，同时对重点客户实施精准定点走访，切实解决企业融资难题。

简化办贷流程，优化抵押担保

根据制造业贷款特点简化信贷业务流程，提升客户经理贷款调查效率，提高审批人员审批效率，为客户提供快速便捷的金融服务。针对制造业企业的自身实际情况，优先审核客户第一还款来源，减轻对抵押担保的过度依赖。与江苏省农业担保公司、徐州开瑞担保公司开展银担合作，解决制造业企业融资贵、担保难问题。

创新特色产品，提供优惠政策

创新推出小微企业复工贷款产品，针对受新冠肺炎疫情影响，生产经营遇到困难的小微企业（含小微企业主和个体工商户），尤其是后续复工遇到材料采购、支付职工工资等困难的小微企业发放流动资金贷款，满足企业的资金需求。严格落实“不抽贷、不断贷、不压贷”政策，按照“分类施策”原则，落实延期还本付息政策，对经营困难企业继续提供融资支持，帮助企业融资纾困。

特色产品

小微企业复工贷

产品简介	本产品为面向受新冠肺炎疫情影响，生产经营遇到困难的小微企业（含小微企业主和个体工商户）发放的流动资金贷款
产品特点	1. 同档次贷款利率下浮 0.5 个百分点。 2. 担保方式多样，可采取信用放款。 3. 线上线下相结合，客户可通过线上申请，线下做好“一对一”服务
准入条件	1. 在丰县农村商业银行网点开立基本账户或一般存款户。 2. 经工商行政管理部门核准登记，依法进行税务登记，依法纳税。 3. 经营期限 12 个月（含）以上。 4. 借款人信用状况良好，管理制度完善。 5. 借款人生产经营合法、合规，经营项目符合国家产业、土地、环保等相关政策，并按规定履行了各项固定资产投资建设的合法管理程序，借款用途明确、合法、合理。 6. 借款人具有持续经营能力，有明确的、合法的、充足的还款来源
提供材料	1. 借款人为个人的，需提供身份证、户口簿（已婚的还应提供结婚证、配偶身份证原件和复印件）、贷款用途相关材料。 2. 借款人为公司的，需提供营业执照、经营许可证等基础资料，企业正常经营的相关证明材料如银行流水、电费发票、销售发票、工资单等，以及贷款用途相关材料
办理流程	1. 企业和个人均可通过访问江苏省综合金融服务平台（网址：www.jsjrfw.com/index.jsp），指定向丰县农村商业银行发起融资申请，由丰县农村商业银行平台联系人对提交的线上融资申请跟进对接，下发到支行或中小企业部。 2. 客户经理主动对接小微企业，开展调查评估，及时提交贷款审批。 3. 审批通过后，与客户签订贷款合同。 4. 客户经理按客户提供的支付材料，经用信审批部门审核，合理确定贷款资金支付方式后予以支付。 5. 按管理要求开展贷后检查，客户偿还全部贷款本息，贷款合同终结
服务渠道	银行网址：www.js96008.com 办公地址：江苏省丰县人民中路 9 号 咨询电话：0516-89259623

产品实例

金融帮扶出实招　助力企业渡难关

徐州南普机电科技有限公司是一家集各类电机、电动车后桥研发、生产、销售于一体的科技型、专业化制造企业。企业位于丰县经济开发区锡丰创业园内，占地 30 000 平方米，标准生产厂房面积 31 423.12 平方米，现有员工 650 人。企业凭借先进的设备、工艺，一流的技术研发，高端的品质标准，完善的售后服务，为客户提供专业的定项研发服务。目前，企业已全面通过 ISO 9001 质量管理体系、ISO 14001 环境管理体系、IATF 16949 汽车行业质量管理体系和中国强制性产品认证。企业生产的"南普"牌电机荣获江苏省名牌产品、徐州市名牌产品、江苏省知名商标、徐州市著名商标。企业是国家级高新技术企业。

为完成订单、扩大产能，保障各项生产任务正常进行，企业于 2019 年竞拍了丰县经济开发区一处房地产，投资 2 460 万元，耗用了大量流动资金。2020 年初受新冠肺炎疫情影响，企业有将近一个月时间未能进行生产，订单积压不能按时发货，运营情况雪上加霜。为恢复生产经营，确保订单及时完成，企业急需资金采购铝块、绝缘材料、转轴、磁钢、铜线等原材料。

丰县农村商业银行在了解企业困境后，第一时间通过调查人员的现场调查和非现场调查，对企业的资信情况、生产运行情况、财务情况、经营管理情况等进行分析，决定在原有存量贷款 1 660 万元基础上，为该企业再增加 500 万元的流动资金贷款，总授信额度达到 2 160 万元，满足了企业正常生产经营的资金需求，助力企业尽快恢复生产经营。

在丰县农村商业银行的资金支持下，企业迅速走出困境，及时购买生产必需的原材料，完成了客户的订单需求，减少了经济损失。企业负责人对丰县农村商业银行的“小微企业复工贷”产品非常满意，并对丰县农村商业银行的资金支持表示感谢，承诺将继续坚持“质量至上、开拓创新、团队合作、追求卓越”的企业价值观，为广大客户提供优质、高效的产品和周到的服务。

金融助力沛县特色纺织业增光添彩

纺织业规模日益壮大，提档升级不断加快

近年来，沛县通过“突出规划引领、优化发展环境、促进资源整合、淘汰落后产能、发挥协会作用”等措施，大力推进产业发展，纺织产业发展态势良好。目前，全县正常生产经营纺织企业173家（2019年开票销售超2 000万元的有73家、超1 000万元的有21家、超500万元的有52家），主要集中在开发区、杨屯镇、安国镇、大屯街道、龙固镇等地区，带动就业1.2万人。纺织业升级步伐加快，设备持续更新，全自动半自动先进设备基本普及，达到国内先进水平。在以纱线生产为主的基础上，新增布料和服装等产品，产业链不断延伸。2017年4月，沛县获批“中国粘胶纱生产基地县”，成为江苏省第一家以纱线生产命名的国家级基地，为全国纺织业的集群发展、抱团发展奠定了坚实基础。

集聚资源要素，全力支持特色纺织业发展

完善组织保障机制，充分发挥工作合力。中国人民银行沛县支行制定了《中国人民银行沛县支行金融支持稳企业保就业工作实施细则》，统筹推进全县金融支持稳企业保就业工作；联合县地方金融监督管理局等政府相关部门出台《金融助力“沛县制造”向“沛县智造”转变实施方案》《沛县2020年银行业金融机构高质量发展考核办法》，明确全年信贷增长、普惠小微信用贷款、企业延本付息贷款、制造业信贷投放等多项信贷指标考核要求，建立对金融机构的正向激励机制，引导辖内金融机构创新金融产品。

用足用好货币政策，着力保障资金支持。中国人民银行沛县支行

加大再贷款申请力度,2020 年以来累计投放 6.3 亿元再贷款,运用央行资金引导金融资源向纺织业倾斜;召开 2 项直达实体经济政策落实推进会,要求各金融机构做到对包括纺织业在内的中小微企业贷款"应知尽知""应延尽延",加大信用贷款的投放力度。

精准提供金融服务,加速企业复工复产。中国人民银行沛县支行积极联合县地方金融监督管理局推出金融顾问包联企业制度,筛选 268 名金融顾问,通过建立线上线下信息共享机制和协调沟通机制,推进全县银企对接实现"两个全覆盖",对全县复工复产企业,实行金融服务包挂对接;对规模以上的重点纺织企业,由金融顾问实行重点对接,摸清企业的生产经营情况、融资需求等,"一企一策"提供融资服务,破解企业融资难题。

强化协调联动,搭建银企对接平台。中国人民银行沛县支行联合沛县经济发展局、沛县农业农村局、沛县商务局、沛县地方金融监督管理局等政府职能部门,建立融资信息沟通机制,密切关注企业运行情况,找准企业复工复产面临的困难,组建融资"项目库",随时推荐给各相关金融机构,变"找项目"为"送项目",变"等申请"为"送信息",有效缩短资金落地时间,营造了银政企各方同舟共济、合作共赢的浓厚氛围。2020 年以来,举办了"金融运行分析座谈会"和"战疫情、促发展"政银企对接会等专题银企对接会及"金融服务乡镇行"对接活动,成功促成商业银行与纺织企业签订 8.6 亿元授信协议,助推企业复工复产。

创新金融产品,为纺织企业注入"金融活水"。中国人民银行沛县支行引导沛县各金融机构陆续推出独具特色的金融产品。如中国建设银行沛县支行的"云义贷""抗疫贷""环保贷";中国农业银行沛县支行的"复工贷""周转贷";沛县农村商业银行的"助农贷"等近 15 个支持纺织业融资的信贷产品,有效满足纺织企业信贷需求。

银企合作显成效,未来再上新台阶

截至 2020 年 9 月末,沛县制造业贷款余额 33.90 亿元,占全部贷款比重达到 8.25%。其中,纺织业贷款余额 10.03 亿元,占全县制造业比重达到 29.59%。

未来，沛县将重点推广紧密赛络纺等先进工艺装备，发展彩棉纺纱、锦纶、织布、成衣等中高端产品，提升产品档次，打造自主品牌。推动纺织企业与国内外大企业合作发展，加大对高支、高密精梳纱、无接头纱、无梭布、服装加工等项目的招商引资力度，发展色织纱、废旧纤维制品回收和循环利用项目，做大产业规模，延伸产业链。力争到 2025 年，培育出轻工纺织产业开票销售收入 50 亿元以上的企业 1 家、10 亿元以上的企业 5 家、亿元以上的企业 50 家。沛县金融系统将全力支持纺织业高质量发展，切实满足企业发展的融资需求，做大做强金融支持纺织业发展的沛县样板。

沛县农村商业银行

银行特色做法

沛县农村商业银行专注主业，切实增强金融工作自觉性和主动性，充分满足制造业企业有效融资需求，为沛县经济发展贡献金融力量。根据沛县制造业产业结构特点，沛县农村商业银行精准对接，建立信贷从业人员准入和淘汰机制，不断提高客户经理服务水平，增强其服务制造业企业的能力。

减费让利，切实降低企业融资成本

新冠肺炎疫情发生以来，沛县农村商业银行灵活运用延期还本付息政策，执行优惠利率，为企业纾困解难。根据制造业企业金融服务需求变化，及时调整利率定价，降低企业融资成本。针对符合国家产业政策、信贷政策且具有较好发展前景的小微企业客户，实施差异化定价政策，对于新准入的普惠型小微企业客户在同档次利率基础上予以 100 BP 调减，制造业客户最高可在同档次利率基础上享受 200 BP 优惠。

分类施策，着力提高中长期贷款占比

根据制造业企业经营特点、规模、生产周期和风险状况，为制造业企业合理确定贷款期限和结息周期，最长可以为制造业企业发放 3 年期流动资金贷款。丰富结息方式，根据资金回笼特点选择等额本金、等额本息、按月结息、按季结息等结息方式，缓解制造业企业还款压力。截至 2020 年 9 月末，沛县农村商业银行制造业中长期贷款余额 1.21 亿元，较年初增加 0.55 亿元，同比增速达 83.33%。

差异审批，提高金融服务效率

沛县农村商业银行对不同行业采取不同的审查标准，重点关注制造业企业上下游客户情况、融资机构情况、经营情况（银行流水、出入库单、水电费发票、纳税申报表等）、所属行业是否符合环保要求等关键信息，客户满足相应贷款条件，即可快速获得授信额度。

特色产品

助 微 贷

产品简介	本产品面向小微企业、个体工商户及小微企业主，尤其在复工复产后为小微企业用于采购原材料采购和支付职工工资发放流动资金贷款
产品特点	1. 线上线下相结合、银行专人对接，提供“一对一”精准融资服务。 2. 随用随贷，灵活高效。 3. 担保方式多样，满足不同客户群体。 4. 可申请信用贷款，解决企业无抵押、担保难问题。 5. 贷款利率优惠。 6. 贷款审批流程优化，放款速度快
准入条件	1. 国家规定可以作为借款人的、经工商行政管理机关（或三管机关）核准登记，实行独立核算的小微企业、小微企业主、个体工商户。 2. 具有稳定的还款来源。 3. 借款人信用良好，无重大不良信用记录
提供材料	1. 企业正常经营的基础材料，如营业执照、经营许可证、法人身份证等。 2. 企业正常经营的相关材料，如账户流水、报表、电费单据等。 3. 贷款用途资料
办理流程	1. 借款人以书面形式向经办机构提出贷款申请。 2. 本产品已入驻江苏省综合金融服务平台（网址：http://www.jsjrfw.com/index.jsp），借款人可在平台定向选择沛县农村商业银行“助微贷”产品发起融资申请
服务渠道	办公地址：江苏省沛县汤沐路中段沛县农村商业银行 咨询电话：0516-89676862

产品实例

金融精准滴灌　助企复工复产

沛县泓森纺织有限公司于2017年成立，占地面积10 000平方米，生产车间总建筑面积6 000平方米，专业生产棉纱，企业在职工人60人，年产销棉纱2 000吨。徐州中亚纺织有限公司成立于2006年，公司占地13 000余平方米，厂房建筑面积5 000余平方米，主要从事棉纱加工销售，现有员工46人，年产销棉纱3 000吨。2020年4月以来，受新冠肺炎疫情影响，两个公司部分订单单方面取消或推迟，均面临职工工资的发放困难和下游汇款不及时等问题，经营压力凸显，资金链随时可能断裂。

在企业最困难的时候，沛县农村商业银行积极响应国家号召，大力支持实体经济复工复产，勇于担当、主动作为，深入企业了解经营情况，鼓励企业坚持生产，与其共渡难关。沛县农村商业银行根据现实情况，向企业推荐“助微贷”产品，2020 年 8 月为沛县泓森纺织有限公司发放流动资金贷款 100 万元，贷款利率仅为 4.62％；2020 年 9 月为徐州中亚纺织有限公司发放流动资金贷款 200 万元，贷款利率仅为 4.62％，降低了企业融资成本，为企业在纺织行业复苏回暖的洪流中积极进取奠定了基础。

金融助力打造半导体产业转型升级"邳州样板"

深耕产业升级，激活发展动能

近年来，邳州市立足"工业立市、产业强市"发展战略，聚焦半导体材料与设备产业定位，加快推进区位优势、科技人才、平台载体等全要素资源转化为产业发展核心竞争力。深入践行新发展理念，用"发展替代"激活发展动能，大力实施新兴替代、规模替代、绿色替代，重点突破半导体设计、制造、封测等关键环节，推动半导体材料和设备产业全产业链发展。

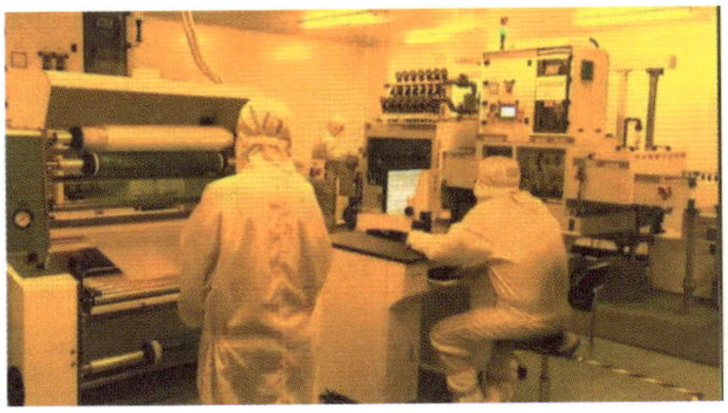

硬件支持助推产业成型。半导体产业被誉为电子信息产业"皇冠上的明珠"，是世界强国必争的"大国重器"。近年来，邳州抢抓半导体产业发展新机遇，把半导体产业作为推动高质量发展的战略举措，开拓出一条具有邳州特色的半导体产业集群发展之路。坚持用高端产业"虹吸"高端人才、用高端人才助推高端产业，建成欧洲半导体海归人才创业园、设立苏北首家诺贝尔奖得主工作室，全面深化与中国电子信息、中国科学院微电子研究所、中国科学院半导体研究所、江苏产业技术研究院等国内行业领先单位合作，搭建了光刻材料研发中心、半导体材料科创中心、联合实验室等科研平台，吸引诺贝尔奖得主、"千人计划"、"万人计划"等高端创业创新人才 120 余位，同步高标准规划建设 66 万平方米半导体材料与设备产业园、40 万平方米高新技术产业园等园区，为落户的成长型企业提供强有力的载体支撑。

技术创新引领产业起航。以邳州华兴激光科技公司为例，该公司在激光外延片领域专心发展，研发的多项技术填补了国内空白。在第七届 2019 年"创客中国"全省中小企业创新创业大赛上，邳州作为全省唯一一个县级市赛区参赛，邳州华兴激光科技公司以总分第一名入围全省决赛。邳州鲁汶仪器公司一直致力于高端磁存储刻蚀机的研发工作，目标是实现下一代存储器上的技术突破，同时攻克国际层面MRAM磁存储器刻蚀工艺上的难题。2020年上半年，该公司成功研发了200毫米原理机，并依靠良好的工艺测试在众多竞争厂商中脱颖而出，拿下了开创台湾半导体产业先锋的台湾工业技术研究院的订单。

金融服务升级，破解融资难题

设立专项基金引导。根据半导体产业新形势，中国人民银行邳州市支行联合财政局、经济发展局精心筑巢、精准发力，倾力打造优质营商环境，变"先批后建"为"先建后验"，变"事前审批"为"事中事后服务监管"，为半导体产业提供保姆式、一站式贴心服务。树立融资共赢理念，充分发挥产业发展基金的撬动作用，推动设立30亿元产业基金，提供天使投资、股权投资、融资租赁、供应链金融、上市辅导等全方位服务，破解企业发展融资难、效率低等难题。

加大应急周转支持。针对半导体材料企业资产轻、无抵押的融资难点，中国人民银行邳州市支行定期召开专题融资洽谈会，邀请辖内16家金融机构和40多家轻资产型高科技企业面对面交流，通过搭建银行和企业之间交流合作的平台，谋求解决制约企业发展的资金短缺问题。同时，重点宣传中国人民银行两项直达实体经济政策工具，要求各金融机构在原有支持企业发展的基础上，进一步优化信贷产品和授信流程，减轻企业融资压力。

降低企业融资成本。为切实降低实体经济企业融资成本，减轻企业负担，促进实体经济发展，中国人民银行邳州市支行制定了《关于降低实体经济企业融资成本的指导意见》，有效增强金融机构与实体企业同呼吸共命运的社会责任感，引导金融机构理性适当降低利润目标，在可能范围内尽量降低企业贷款利率与融资成本，与企业共渡难关。截至2020年9月末，累计降低企业融资成本3 560万元，确保新增普惠型小微企业贷款综合融资成本比2019年下降0.5个百分点。

推进绿色发展，打造邳州样板

截至 2020 年 9 月末，邳州各项贷款余额 644.22 亿元，同比增长 18.02%，比年初增加 98.35 亿元，贷款余额和增量均居徐州五县（市）首位。制造业贷款余额 57.9 亿元，比年初增加 7.17 亿元，占全部新增贷款的 7.29%。其中，半导体材料企业贷款新增 2.5 亿元，应税销售收入超过 20 亿元。

十年耕耘，一路花开，邳州半导体材料与设备产业集群态势显现，在半导体光刻、刻蚀、薄膜等关键工艺上已集聚近 40 家半导体企业，正在加快构筑以徐州博康信息化学品有限公司为龙头，汇聚徐州大晶新材料科技集团有限公司、江苏科华新材料有限公司、江苏汉拓光学材料有限公司、徐州瑞义新材料有限公司的光刻材料基地；以江苏影速集成电路装备股份有限公司为龙头，汇聚江苏鲁汶仪器有限公司、江苏实为半导体科技有限公司、江苏科沛达半导体科技有限公司、徐州诺派激光技术有限公司的生产测试设备基地；以江苏上达电子有限公司为龙头，汇聚徐州众星显示科技有限公司、江苏澳芯微电子有限公司、江苏康立尔半导体科技有限公司的显示材料生产基地；以江苏华兴激光科技有限公司为龙头，汇聚江苏利泷半导体科技有限公司、邳州瑞源电气科技有限公司的光电材料外延基地的半导体产业新格局，为半导体产业发展注入了强劲动力。

邳州农村商业银行

银行特色做法

邳州农村商业银行坚持以服务实体经济为总抓手，不断加大对制造业的支持力度，强化金融服务功能，深化金融资源配置，保证金融资源供给，积极落实高质量发展要求，下沉重心，专注主业，深耕细作，助力制造业高质量发展。截至2020年9月末，邳州农村商业银行制造业贷款余额16.02亿元，较年初增加1.47亿元，制造业贷款余额占各项贷款余额的8.65%。

开辟绿色通道，提升服务效率

对新冠肺炎疫情防控重点企业、因新冠肺炎疫情受困企业和个人经营性贷款客户的新增贷款及存量续贷业务，按照特事特办、急事急办的原则，将信贷业务审批时限原则上控制在3个工作日内，同时采取容缺办理、跨网点受理等模式为客户提供便捷服务。对受新冠肺炎疫情影响较大的企业和个体工商户，在风险可控情况下，存量贷款客户可适度增加授信额度，保障其正常生产经营；新增客户由专人负责，严格执行3日办结制度，对于符合条件的客户采用信用或中期贷款的方式，增强客户复工复产信心。

实施减费让利，降低客户综合融资成本

新冠肺炎疫情防控重点企业中，直接参与新冠肺炎疫情防控工作的重点医院、医疗科研单位、药品和医疗设备生产及流通等企业，贷款利率执行最近1个月相应期限的贷款市场报价利率。新冠肺炎疫情防控重点企业中的小微企业和个体工商户经营性新增贷款及存量续贷，在正常测算利率基础上下浮0.5个百分点。对因新冠肺炎疫情受困企业及个人经营性贷款客户，新增信贷融资及办理续贷的，在现有正常测算利率的基础上下浮0.5个百分点。

合理界定到期贷款，缓释客户压力

因受新冠肺炎疫情影响导致资金无法回笼，或因交通管制等原因

无法及时还款的到期贷款，邳州农村商业银行第一时间提供延期、逾期免罚息、无还本续贷等多项便捷措施。同时，合理调整绩效考核方案。结合新冠肺炎疫情防控期间业务开展情况，调整各项任务指标，加大对防疫防控相关行业和受影响较大的行业贷款投放的绩效考核力度，促使信贷政策得到有效落实。

特色产品

战疫-复工贷

产品简介	本产品为面向受新冠肺炎疫情影响，复工复产遇到困难的企业发放的流动资金贷款
产品特点	1. 额度高，最高可达 1 000 万元。 2. 在正常利率的基础上，下浮 0.5 个百分点。 3. 期限长，最长可授信 3 年，3 年内循环使用。 4. 还款方式灵活，随还随用
准入条件	1. 具有合法有效的生产经营证明，在本地连续经营 1 年以上。 2. 具有稳定的还款来源。 3. 借款人信用良好，无重大不良信用记录
提供材料	1. 工商营业执照、财务报表、经营许可证等证明资料。 2. 企业正常经营的相关证明材料，如银行流水、水电费发票、销售发票、纳税申报表、工资单等。 3. 贷款相关用途材料
办理流程	1. 电话或网点申请。 2. 安排客户经理对接，现场调查，符合申贷条件后予以授信。 3. 签订合同、发放贷款
服务渠道	办公地址：江苏省邳州市建设中路 16 号 咨询电话：0516-86270832

产品实例

凝心聚力　共同"战疫"

江苏利泷半导体科技有限公司是邳州市政府招商引资企业，位于邳州市经济开发区，2017 年筹建，2018 年开始正式投产。该企业主要从事三氧化二铝(蓝宝石)、氮化镓、碳化硅半导体晶片衬底及相关材料的窗口片、半导体高端精密设备的研发、生产和销售等,产品销往日本、韩国等国家。2020 年,受新冠肺炎疫情影响,企业原材料购买成本急剧上升,产品销售市场极不稳定,外贸订单减少或取消的情况时有发生,企业流动资金周转陷入困境。

邳州农村商业银行通过日常走访了解到该企业运营情况后,第一时间成立专项小组,对其开展一对一服务。经实地调查和沟通,得知该企业受新冠肺炎疫情影响目前销售陷入困境,暂不符合邳州农村商业银行的授信条件,但工作人员急企业所急,积极推动和协调。为帮助企业渡过难关,经过详细了解,该公司生产的蓝宝石衬底片,在发光元器件及电子元器件中属于前端产业,基础投资较大,进入门槛较高,生产技术由母公司提供,在本行业中有较大的竞争优势,具备良好的发展前景,总体销售形势趋于利好,邳州农村商业银行对其单独设立开通绿色通道,成功为企业发放“战役-复工贷”300 万元,切实缓解了企业的燃眉之急,增强了企业复工复产的信心。该产品担保方式灵活,从提出贷款申请到调查、授信和用信各环节,实行限时办结制,做到资料简、审批快、利率低,及时满足了制造业企业复工复产、扩大经营规模等经营活动的资金需求。

金融助力睢宁家居电商产业跑出发展"加速度"

睢宁电商小镇沙集镇聚焦家居产业提档升级

江苏省徐州市睢宁县沙集镇是全国知名的"电商小镇"。2006 年几个年轻人"触网"售卖家具"试水"成功后，该镇电商产业就以"井喷"式的速度迅速发展。截至 2020 年 9 月末，沙集镇有网店 1.65 万个，相关从业人员有 3.15 万人，家具生产企业有 1 200 多家，其中实木家具生产企业约有 540 家、板式家具生产企业约有 480 家、钢木家具生产企业约有 180 家，全镇物流企业有 14 家、物流门店有 145 家、分拨中心有 6 家、中型转运场有 7 家。

沙集农民通过电商平台自主创业，实现由传统农民向现代市场主体的历史性转变，形成了以"网络＋公司＋农户"为核心，具有可复制、自下而上草根性特征的"沙集模式"，成为全国农村电子商务发展的典型代表、农村互联网普及应用的时代缩影。沙集镇农村电商发展不仅带动农民致富，农村电商还推动城镇的产、城、人、文、旅等全面融合，进而展现信息化带动工业化、新型城镇化的发展。截至 2019 年年末，全县电商年交易额达 330 亿元，同比增加 43 亿元。

金融政策精准落地，全面助推家居电商产业发展

以"机制建设"为依托，着力构建良好营商环境。电子商务是依托互联网和信息技术进行的新型经济活动，是企业降低成本、提高效率、拓展市场和创新经营模式的有效手段。为进一步推进电子商务发展，提升金融服务水平，中国人民银行睢宁县支行与县电商办联合制定《睢宁

县金融支持电子商务发展的指导意见》，鼓励金融机构积极主动、大胆创新，加强对电子商务发展的金融支持，构筑与电子商务发展相适应的现代金融服务体系，为睢宁县电子商务发展提供金融保障。

以“货币政策”为抓手，加大信贷资金投放力度。为发挥好中央银行资金精准滴灌作用，积极落实两项直达实体经济货币政策，实现“应知尽知”“应延尽延”“应贷尽贷”。中国人民银行睢宁县支行积极争取再贷款额度。截至2020年9月末，为睢宁县两家法人银行争取再贷款专用额度5.4亿元已全部投放完毕，引导银行机构将信贷资金向电商企业倾斜。

以“优化服务”为指引，创新电商金融产品。鼓励银行机构根据电子商户所属创业群体和成长周期差异化需求创新金融产品。其中睢宁农村商业银行开办了“网商助力贷”“妇女创业贷”“青年创业贷”“惠宁创业贷”等切合网商需求特色贷款品种。邮储银行睢宁县支行以电商客户服务为主体，以融资服务为主线，以融智服务为导向，创新推出“电商贷”产品。睢宁中银富登村镇银行适时推出“轻松贷”“成长贷”“悠享贷”等金融产品。

以“生活富裕”为根本，持续巩固脱贫成效。电商产业的飞速发展拉近了村民与市场间的距离，也让精准扶贫、精准脱贫有了更切实的抓手。为全面贯彻落实党中央、国务院关于脱贫攻坚的重要战略部署，加大金融扶贫力度，中国人民银行睢宁县支行积极引导金融机构聚焦低收入群体、发挥电商产业优势，以扶贫贷款发放为基础，不断探索金融扶贫新途径、新思路，努力实现低收入户的精准脱贫，走出一条电商产业扶贫的特色化发展道路。截至2020年9月末，睢宁农村商业银行扶贫小额信贷金额3亿元，较年初增加0.55亿元，增幅22.45%。近年来，睢宁县通过电商直接或间接帮助5 500多户、近20 000人成功脱贫。其中，10%的贫困户通过电商创业成功致富，70%的贫困户通过在电商企业就业实现增收，20%的贫困户通过为电商企业供应农产品、土地租赁等方式顺利脱贫。

家居电商产业再发展，金融服务见成效

截至2020年9月末，睢宁县各项贷款余额453.18亿元，较年初增加67.72亿元，同比增长17.57%，较去年同期提高2.64个百分点。制造业贷款余额22.46亿元，比年初增加5.14亿元，同比增长29.67%，增幅居五县(市)首位。普惠小微贷款余额66.02亿元，同比增长62.93%，加权平均利率6.71%，同比下降107 BP，企业减负感受更加明显。

在全县金融系统的支持下，沙集电子商务产业发展日益壮大，产业链日趋完善。下一步，睢宁县金融系统将进一步加大金融支持力度，促进家居电商产业提质增效，为沙集电商事业进一步突破打下坚实基础。

睢宁农村商业银行

银行特色做法

近年来，睢宁农村商业银行以服务“三农”为宗旨，以助力乡村振兴为主线，认真贯彻落实监管机构关于支持制造业、实体经济的工作要求，做好金融配套服务，在控制风险的前提下，多措并举提升金融服务制造业质效。截至 2020 年 9 月末，睢宁农村商业银行制造业贷款余额 8.17 亿元，同比增长 6.03%，其中 2020 年度发放的制造业贷款中首贷户的金额达 1.15 亿元。

优化信贷业务流程，提升贷款办理效率

进一步优化授信调查、用信审查、审批等环节，通过开设绿色通道、组建专业团队、贷款限时办结等措施，着力提升普惠金融专业化服务水平。优化后，企业贷款办结时间平均减少 4 个工作日，最快实现 24 小时资金到账，有效满足实体经济信贷需求。

借助科技研发支撑，上线掌上信贷系统

借助科技支撑，研发移动端信贷系统，实现“移动走访＋现场办贷＋惠宁小贷”相结合，做到让“数据多跑路、客户少跑腿”，提升融资便捷性。2020 年 1—9 月，累计向 3 349 户个体工商户发放“惠宁·助商贷”4.8 亿元，有力支持了地方实体经济发展。

加大信用贷款投放，完善尽职免责办法

为有效解决小微企业及个体工商户客户担保难问题，加大“惠宁小贷”“税企通”“小微快贷”等信用贷款投放。截至 2020 年 9 月末，全行小微企业贷款余额 44.07 亿元，较年初增加 10.31 亿元，高于其他各项贷款增速。同时，对于普惠信贷业务未超出不良贷款容忍度标准的客户经理，在无违法违规行为的前提下，对相关信贷工作人员免于追责，提升一线工作人员积极性，有效解决客户经理“不敢贷”的问题。

特色产品

网商助力贷

产品简介	本产品为睢宁县内的网商创业者提供的信贷资金支持
产品特点	1. 自愿申请，严格审批。 2. 利率优惠。 3. 到期还款优先受理、优先评级、优先授信、优先贷款
准入条件	1. 年龄在18周岁(含)至65周岁(含)之间，具备完全民事行为能力，具有创业愿望和一定经济与技术基础。 2. 具有稳定的还款来源。 3. 借款人信用良好，无重大不良信用记录
提供材料	1. 借款人及配偶身份证、户口簿原件及复印件。 2. 年检合格的营业执照(或副本)原件及复印件。 3. 从事许可证经营的，应提供相关行政主管部门的经营许可证原件及复印件。 4. 经营场所产权证明与租赁合同。 5. 有限责任公司或合伙企业还需提供组织机构代码证、公司章程(或合伙经营协议、出资协议之一，能证明其股东或合伙人身份)，企业最近年度或季度的财务报表。 6. 保证人身份证原件及复印件。 7. 抵押人及配偶身份证、结婚证、房产证(土地使用权证，若有)原件，涉及共有人的还需要提供共有权证和共有人身份证原件
办理流程	1. 业务申请、受理和贷款调查。 2. 贷款审议、审批和发放
服务渠道	办公地址：江苏省睢宁县元府东路99号 咨询电话：4001076008

产品实例

农商银行网商贷　助力小微速成长

睢宁美怡家家具有限公司成立于2009年，位于睢宁县沙集镇东风村，主要从事木制家具、金属家具、软体家具、玻璃家具的生产和销售。目前，该公司拥有6 000多平方米的生产仓储厂房，2条板式家具自动化生产线，生产线员工60余人，客服人员20余人，2019年销售收入达

5 200 万元。

在企业创业之时，睢宁农村商业银行便给予其 1 万元的贷款支持。随着企业生产规模的扩大，对资金需求也越来越多。睢宁农村商业银行持续跟踪企业的成长和运营情况，设身处地向企业推荐“网商助力贷”产品，给予大力资金支持。其中，2009 年为企业发放贷款 5 万元，2010 年为企业发放贷款 15 万元，2011—2013 年间为企业发放贷款 20 万元，2014 年为企业发放贷款 30 万元，2015 年为企业发放贷款 40 万元，2018 年为企业发放贷款 100 万元，2020 年为企业发放贷款 200 万元。该产品担保方式灵活，从提出贷款申请到调查、授信和用信各环节实行限时办结制，资料简、审批快、利率低，能够及时满足制造业生产经营、扩大规模等活动的资金需求。

在睢宁农村商业银行持续信贷资金支持下，企业销售额逐年增长，2015 年销售额突破 5 000 万元，2020 年 1—9 月销售额达到 6 000 万元，知名度不断提高，影响力不断扩大，企业创始人成为“沙集模式”带头人，被称为“网商三剑客”之一。在该企业创始人的带动下，沙集镇开启了电商之路，改变了苏北贫困小镇的命运。

金融助力新沂绿色化工提档升级

践行绿色发展理念，打造全国重要精细化工产业基地

化工产业曾是新沂的传统强项，然而经济快速发展的同时，环境破坏也让新沂人付出了沉重代价。近年来，新沂市积极推动化工产业转型升级，先后投资近 20 亿元，依法关停取缔 34 家化工企业，搬迁 2 243 户居民，建立安全环保在线监测和重大危险源数据库。累计处置“僵尸企业”及“半拉子”工程 57 家，盘活利用土地近 5 000 亩。工业技术投入持续加大，滚动实施 78 项、总投资 360 亿元工业技改项目。

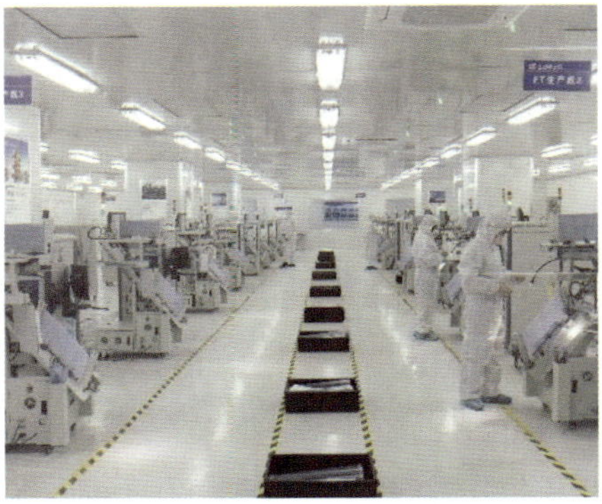

实施绿色化工补链延链强链行动，全力打造区域性产业地标，持续增强绿色化可持续发展能级。支持江苏蓝丰生物化工股份有限公司、利民化工股份有限公司等农化龙头企业进一步向高效低毒、安全环保方向转型，进一步增创农化产业发展新优势。如江苏新河农用化工有限公司成立至今 25 年，是世界上最大的百菌清原药生产企业，产量占到世界总产量的一半，然而当年弥漫在工厂周围数公里的刺鼻气味，也让新沂人对这家农化企业唯恐避之不及。而如今，走入该公司的厂房，再也闻不到任何刺激性气味，这得益于不断升级的自动化和标准化生产，该公司表示下一步将投资 10 亿元用于产业链延伸，同时实现智能化生产。

产业是本，创新是魂，为了帮助化工企业转型升级，新沂市设立 1 000 万元科技创新创业种子基金，大力扶持企业与高校和科研院所合作，建成省级以上科技研发机构 59 家，高新技术企业 34 家，高新技术产业占规模以上工业总产值比重超过 30%。2019 年，新沂市地区生产总

值 686.4 亿元，全市新增规模以上工业企业突破 60 家，工业企业应税销售收入 360 亿元、增长 25%。其中，化工行业产值占比 38%，增速为 2.1%。

加大信贷投放力度，助力企业高质量发展

中国人民银行新沂市支行围绕“两城一地”发展战略，坚持“工业立市、产业强市”，全力支持新沂经济高质量发展。特别是 2020 年以来，面对严峻的新冠肺炎疫情考验和复杂的经济形势，中国人民银行新沂市支行紧紧围绕服务实体经济，多措并举，积极引导全市金融机构加大对企业信贷投放力度，提高金融服务水平，体现社会担当，助力企业复工复产。

精准施策，强化政策指导。中国人民银行新沂市支行制定《中国人民银行新沂市支行金融支持稳企业保就业工作实施细则》（新银发〔2020〕19 号），成立金融支持稳企业保就业工作领导小组，将金融支持稳企业保就业工作作为“一把手”工程，加强部门组织协调，形成工作合力。同时，联合地方金融监督管理局等政府相关职能部门出台《新沂市 2020 年银行业金融机构高质量发展考核办法》，进一步引导银行业金融机构加大对制造业金融支持力度。

强化政策传导，降低企业融资成本。为统筹推进新冠肺炎疫情防控和经济社会发展工作，充分发挥货币政策工具效用，积极争取再贷款资金，专项支持小微企业复工复产。截至 2020 年 9 月末，投放支持小微企业再贷款专项额度 4 亿元、支农再贷款 2.6 亿元，有力地支持了新冠肺炎疫情防控和企业的复工复产。

加大延期还本付息和普惠小微信用贷款支持力度。培训和督导方面，8 月 28 日，中国人民银行新沂市支行组织召开全市 17 家银行业金融机构支持“稳保”两项直达实体经济政策落实工作推进会，进一步学

习领会相关政策和工作要求，组织落实下阶段全市金融支持稳企业保就业工作任务，确保普惠小微贷款延期率、信用贷款占比和制造业贷款有明显提升。加强宣传方面，着力提高两项工具政策普及面。中国人民银行新沂市支行通过银企对接会、普惠金融企业座谈会、微信等方式，广泛开展政策解读、经验宣传和典型案例报道，确保“应知尽知”，提升企业和社会各界对金融普惠政策的知晓度。

积极开展银企对接。积极走访江苏晋煤恒盛化工股份有限公司等3家企业，协调解决企业实际困难，全力支持企业复工复产。积极开展企业和重大产业项目融资推介活动，截至2020年9月末，已经组织6期推介会，分别将重大产业项目等名单转发给辖内银行业机构，要求各银行积极与企业沟通、对接。积极解决企业资金缺口问题，截至2020年9月末，已经累计为辖内80余家企业协调解决资金缺口问题，并安排专人对接，通过金融顾问为企业提供优质金融服务，并做好后续跟踪服务。积极联合市经济发展局和市地方金融监督管理局在全市开展送金融服务和金融产品到企业专项活动，为116家重点培育企业提供金融服务，解决银企信息不对称问题。积极组织召开知识产权质押融资座谈会，对知识产权质押融资相关政策、信贷产品、存在难点进行研讨和交流，大力推进知识产权融资缓解科技型中小企业融资难题，提升小微企业获贷率。

金融助力制造业高质量发展成效显著

各项贷款增速创历史新高。截至2020年9月末，全市银行业金融机构人民币各项贷款余额479.78亿元，比年初增加96.74亿元，同比增加59.09亿元，同比增长29.48%，高于去年同期16.72个百分点，贷款余额和比年初增量均在五县(市)中排名第二位。

制造业贷款稳步增加。截至2020年9月末，制造业贷款余额48.76亿元，占各项贷款比重达到10.16%，比年初增加3.56亿元，增速7.9%。制造业贷款余额在五县(市)中排名第二位，占贷款余额比重居五县(市)第一位。其中，化工企业贷款余额22.38亿元，占全市制造业比重达到 45.89%。

着眼未来，新沂市将全力推动化工产业重组，立足优势再造，把化工产业转型作为新沂转型出关的“胜负手”、增创特色优势的“发力点”，通过研磨技术、嫁接智能、补链强链，充分挖掘“促旧转新”的内在潜能，真正让“老树发新枝”。充分依托化工集聚区，按照“本质安全、绿色转型、集聚发展、整体提升”原则，下大力气调高调优调轻化工产业结构，千方百计提高化工产业精细化率，推动化工产业向中高端攀升，力争通过3—5 年的努力，将新沂打造成为全国有影响、全省数一流的精细化工生产基地。

新沂农村商业银行

银行特色做法

新沂农村商业银行积极践行金融支持制造业战略，始终以服务小微企业作为主要发展方向，不断通过创新产品类型为小微企业尤其是制造业企业提供便利的金融服务。突如其来的新冠肺炎疫情使小微企业面临前所未有的严峻考验，也为金融业赋予了稳定实体的重要使命。截至2020年9月末，新沂农村商业银行制造业贷款余额6.8亿元，较年初增加0.55亿元，增幅8.8%。

加强思想指导，明确战略方向

面对突发的新冠肺炎疫情，党中央、国务院出台了多项政策，保障经济平稳运行，对金融稳企业工作提出了新要求。新沂农村商业银行通过办公会、调度会、培训会等多种方式，深入研究并传达中国人民银行文件精神，要求全行员工切实提高政治站位，明确稳定经济的重要使命任务，树立稳企业就是稳自己、救小微就是保自己的工作理念。面对新的经济形势，新沂农村商业银行始终把支持制造业放在重要位置，多措并举维护制造业贷款稳定。同时，努力扩大对制造业企业服务面，不断提高贷款户数和余额，明确支持制造业稳定发展就是当前业务的战略方向。

强化产品创新，提升服务能力

2020年年初，新沂农村商业银行实施推出了“众诚易贷”“税企通”等贷款产品，在传统流动资金贷款的基础上不断丰富产品类型。“众诚易贷”重点支持受新冠肺炎疫情影响较大的加工制造、商贸流通、文娱旅游、种养殖等行业的企业和个人。该产品具有服务面广、手续快捷、利率下调等特征，极大地满足了广大制造业企业的融资需求，切实有效地提升了新沂农村商业银行的金融服务能力。

深入走访宣传，推动银企对接

为有效传达惠企政策，新沂农村商业银行积极开展“百行进万企”

和“推进三访三增、助力六稳六保”活动，以支行为单位全面走访辖区小微企业、小微企业主、个体工商户，了解企业经营困难、介绍惠企政策并匹配各项业务产品。通过主动走访宣传，将服务送至生产一线、送至企业主手中，现场为企业经营困难制定解决方案，打通金融服务制造业的“最后一公里”。

贯彻贷款市场报价利率定价模式，主动减费让利

2019 年下半年以来，中国人民银行深入推进利率市场化改革，促进商业银行贷款利率更加贴合市场运行实际，促进广大小微企业享受到更加优惠的贷款利率。新沂农村商业银行深入推进新增和存量贷款利率改革，综合运用多种方式促进贷款利率下调。截至 2020 年 9 月末，普惠小微企业贷款综合融资成本较年初下降 1.21 个百分点，同比多降 0.74 个百分点。

特色产品

众诚易贷

产品简介	本产品为面向辖区内因受新冠肺炎疫情影响，出现流动资金周转困难的加工制造等行业的企业和个人发放的生产经营贷款
产品特点	1. 重点支持受新冠肺炎疫情影响的加工制造等行业。 2. 个人类贷款最高 50 万元(含)，企业类贷款最高 500 万元(含)。 3. 手续便捷，最快 1 个工作日放款。 4. 年后利率最低至 6.00%。 5. 综合授信，循环使用，单笔用信最长可达 3 年
准入条件	1. 注册和经营在新沂市辖区范围内。 2. 申贷主体信用记录良好。 3. 经营正常且具备完善的管理流程。 4. 具备按期偿还贷款本息的能力
提供材料	1. 个人基本证件，包括身份证、户口簿、结婚证等。 2. 公司基本证件，包括公司章程、工商营业执照、相关经营许可证等。 3. 资产相关证明，包括不动产权证、行驶证等。 4. 经营相关证明，包括业务合同、账户流水、电费发票、销售发票、工资单等。 5. 保证或抵押相关担保材料

续表

办理流程	1. 通过网点、电话进行申请。 2. 向服务网点提交相关证件和材料。 3. 金融事业部开展调查、按流程审批。 4. 签订贷款合同并发放
服务渠道	网址：www. xynsh. com 办公地址：新沂市钟吾路163号 咨询电话：0516-88677780

产品实例

金融政策惠企业　转型升级有依托

江苏维尤纳特精细化工有限公司成立于2006年12月7日，位于新沂市化工园区，主要从事农用化学品、农药中间体及医药中间体等精细化学品的研发生产。企业设立财务部、人力资源部、市场部、生产技术部、研发部及生产车间，现有员工500余人，其中专业技术管理人员50余人。企业致力于化工产品研发，产品得到上下游公司的广泛认可。但是，受新冠肺炎疫情影响，企业国内外市场需求萎缩，经营压力骤然加大。

新沂农村商业银行在走访过程中了解到企业的困难，认为该企业目前急需资金注入来维持其正常经营周转，否则将面临停工、停产的风险，数百名员工将面临下岗。该企业负责人表示，企业在化工产品研发上取得了较大成果，产品具备较强的竞争力，但是受新冠肺炎疫情的影响，企业的经营计划被打乱。由于前期环保改造、升级生产线投入较多，加上人力资源成本较大，企业的经营变得愈发困难。新沂农村商业银行的工作人员及时向企业负责人介绍了中国人民银行推出的信用贷款、延期还本付息、鼓励降低贷款利率等政策，尤其是对制造业企业等带动就业比较明显的行业，致力于降低企业融资成本、帮助企业渡过难关。在新沂农村商业银行的帮助下，企业获得了年利率仅为4.99%的低息贷款，有力地支持了企业生产经营。同时新沂农村商业银行积极向企业宣传稳保政策，鼓励企业积极拓宽销售渠道。企业负责人表示：低息贷款给企业增加了动力，数百名职工更是企业的宝贵财富，既然国家给予帮助，企业更要践行社会使命，哪怕经营再困难，也不让员工失业。

目前，该企业生产经营稳定，不断拓展下游销售渠道，同时该企业持续加大科技投入，提升产品科技含量，努力保持市场优势竞争地位。该企业负责人对下一步发展充满信心，企业员工都充满干劲。该企业负责人还表示，公司稳定发展令人欣慰，但是公司员工没有下岗才是最值得骄傲的事，以后要和这些“兄弟姐妹们”好好干，让大家都有满意的收入。

第三篇

政策篇

《中国制造 2025 徐州行动纲要》摘编

一、目标任务

（一）指导思想

紧紧围绕“将徐州打造成为区域性先进制造业基地”一个目标，全面落实“工业立市、产业强市”两大战略，努力构建以 6 个优势产业为主体、6 个战略新兴产业为先导的“6＋6”现代工业产业新体系，着力打造以 2 个世界级产业为龙头、5 个国家和 5 个省级产业基地为两翼的“255”先进制造产业集群，发展“龙头＋基地、平台＋载体、增长点＋爆发力、产品链＋价值链”的“十二条”制造业产业链，实施“创新驱动、智慧融合、质量品牌、双向开放、绿色低碳、服务制造”六大工程，落实“组织领导、政策支持、改革创新、人才建设、督查考核”五项举措，实现制造大市向“智造强市”的新跨越。

（二）基本原则

1. 政府主导，市场主体

强化市场主体地位，发挥市场机制作用，优化资源配置，激发企业活力和创造力。政府加强战略研究、规划引导和行政推动，完善支持政策，营造宽松环境。

2. 龙头带动，基地撬动

发挥龙头企业带动作用，打通产业链的关键环节，着力延长链、增粗链、补缺链。发挥产业基地撬动作用，促进产业集聚、企业集群、资源集约，加快结构调整和布局优化，实现补齐短板、均衡发展、错位竞争、特色发展。

3. 投资拉动，创新驱动

突出项目建设“生命线”，主动对接省“一中心一基地”建设，准确把握产业投资方向，着力扩总量、提质量、优结构；把握创新驱动“主引擎”，加强自主创新、协同创新和引进消化吸收再创新，推进产学研用相结合，着力发展平台经济和创新经济。

4. 招商引资，招才引智

统筹国际国内两个市场、两种资源，加快引进一批龙头型、基地型项目，提高招商专业化、市场化、精准化水平；滚动实施“222 年度引才计划”，围绕产业集聚人才，瞄准高精尖目标，加快引进一批创新型企业家、高层次创新创业人才和高技能人才。

5. 智慧融合，绿色发展

推进信息化与工业化深度融合，加快制造业数字化、网络化、智能化转型；推行绿色低碳生产方式，提高资源能源综合利用效率和产出效益，不断提高可持续发展能力。

（三）主要目标

1. 五年目标

到 2020 年，制造业水平大幅提升。制造业产值达到 2 万亿元。掌握一批重点领域的关键核心技术，优势领域竞争力进一步增强，产品质量有较大提高。制造业数字化、网络化、智能化取得明显进展。新兴产业占规模以上工业产值比重达到 40%。着力培育一批行业龙头骨干企业和集团，主营业务收入超百亿级企业达到 15 家。

2. 十年目标

到 2025 年，建成区域性制造强市。制造业产值达到 3 万亿元。创新能力显著增强，两化融合迈上新台阶。新兴产业占规模以上工业产值比重达到 50%。形成一批具有较强国际竞争力的跨国公司和产业集群，在全球产业分工和价值链中的地位明显提升。主营业务收入超百亿级制造业企业达到 20 家。

二、发展重点

（一）改造提升传统优势产业

1. 装备制造产业链

（1）目标任务：2015—2025 年，抢抓国家新一轮基础设施、保障设施、信息工程等重大建设机遇期，装备制造产业继续保持较快的增长速度,年均增长10%以上。

(2) 发展思路:以“国际化、高端化”为方向,以世界500强企业卡特彼勒、利勃海尔、澳大利亚布兰肯以及徐工集团、中材国际、海伦哲等一批世界级和国家级企业为“龙头”,坚持国资、外资、民资“三资并进”,进一步巩固徐州“中国工程机械之都”地位,重点发展两大产业支链,将徐州打造成为以工程机械为重点的世界级装备制造产业中心。其中,徐工集团从目前全球第五迈进前三,对标卡特、赶超小松,进入世界500强;卡特彼勒(徐州)挖机基地成为全球最大的挖机生产基地;海伦哲在高空作业车领域成为全国第一,世界前三强。

(3) 企业培育:2025年,装备制造业销售收入亿元以上企业达到160家,10亿元以上企业达到80家,50亿元以上企业达到40家,100亿元以上企业达到6家。

2. 食品及农副产品加工产业链

(1) 目标任务:2015—2025年,我市食品及农副产品加工业依托丰富的资源优势和广阔的市场空间,将保持较快的增长速度,年均增长8%以上。

(2) 发展思路:以“品牌化、特色化”为方向,以维维集团、天虹集团、千百度国际等企业为龙头,以基地建设为基础,突出特色发展和精深加工,着力发展四大产业支链,将我市打造成为全国重要的食品及农副产品加工产业基地。其中,维维集团继续保持中国最大豆奶企业,进入全国食品制造企业前三强;千百度国际位居制鞋行业前三强。

(3) 企业培育:2025年,食品及农副产品加工业销售收入亿元以上企业达到400家,10亿元以上企业达到100家,50亿元以上企业达到8家,100亿元以上企业达到3家。

3. 煤电能源产业链

(1) 目标任务:2015—2025年,我市煤电产业积极适应供给侧管理,减少煤炭开采、增加电力供给,将保持适度增长,年均增长9%。

(2) 发展思路:以“大型化、高效化”为方向,着力发展两大产业支链，加快煤炭、电力产业的转型升级，全市电厂装机总容量达 2 000 万千瓦，发电量超千亿千瓦时；煤炭总产能达到 4 000 万吨，其中异地 3 000 万吨，将徐州打造成为全省重要的能源生产供应基地。

(3) 企业培育：2025 年，我市煤电能源产业销售收入亿元以上企业达到 100 家，10 亿元以上企业达到 20 家，50 亿元以上企业达到 10 家，100 亿元以上企业达到 5 家。

4. 煤盐化工产业链

(1) 目标任务：2015—2025 年，我市煤盐化工产业继续依托资源和市场优势，保持较快的增长速度，年均增长 10%以上。

(2) 发展思路：以“规模化、精细化”为方向，以煤、盐化工产业为主，精细化工、农用化工、石油化工为辅，延伸产品链条，着力打造五大产业支链，将徐州打造成为全省重要的综合化工生产基地。其中，焦炭产能位居全省第一；代森锰锌、百菌清等农药原料产品市场占有率位居全国第一；三氯化磷、五氯化磷等磷化工产品出口量位居全国第一。

(3) 企业培育：2025 年，我市煤盐化工产业销售收入亿元以上企业达到 500 家，10 亿元以上企业达到 30 家，50 亿元以上企业达到 20 家，100 亿元以上企业达到 2 家。

5. 绿色冶金产业链

(1) 目标任务：2015—2025 年，我市冶金工业积极适应供给侧管理，钢铁业保持总量控制，金属铸造及有色加工快速发展，年均增长 5%以上。

(2) 发展思路：以“精深化、集团化”为方向，以“钢铁铸造、有色加工”为特色，以世界 500 强企业德国蒂森克虏伯(罗特艾德)、法国圣戈班、美国肯纳金属、美国爱斯科、德国 VTC 工业集团(歌博铸造)等世界级企业以及徐钢集团、彭钢集团、新春兴、大屯铝板带等一批国内著名企业为龙头，加快“上大压小”和兼并重组，着力发展两大产业支链，把我市建成全省前列的冶金工业基地，全国著名的精密铸造基地。其中，蒂森克虏伯无缝环轧件制造位居国内第一，圣戈班球墨铸管制造位居国内第一，肯纳金属合金刀具制造位居国内第一，歌博铸造风电铸件制造位居国内第一，爱斯科耐磨件制造位居国内第一，新春兴再生铅制造位居亚洲第一。

(3) 企业培育：2025 年，我市冶金工业销售收入亿元以上企业达到 200 家，10 亿元以上企业达到 20 家，50 亿元以上企业达到 10 家，100 亿元以上企业达到 3 家。

6. 建筑建材产业链

(1) 目标任务：2015—2025 年，我市建筑建材产业积极适应供给侧管理，水泥熟料保持总量控制，新型建材、绿色建筑快速发展，年均增长 8%以上。

(2) 发展思路：以“集聚化、基地化”为方向，以隶属世界 500 强中唯一的中国建材企业中国建材集团旗下的徐州中联、淮海中联以及龙山水泥等企业为龙头，从传统建材向新型建材、绿色建筑转型，加快产品升级和布局调整，着力打造三大产业支链，将我市建设成为全省重要的建筑建材产业基地、全国知名网架之乡。

(3) 企业培育：2025 年，我市建筑建材产业销售收入亿元以上企业达到 500 家，10 亿元以上企业达到 20 家，50 亿元以上企业达到 5 家。

(二) 培育壮大战略新兴产业

1. 新能源产业链

发展思路：以“国际化、全球化、世界级”为方向，以太阳能光伏为重点，以中能硅业、协鑫硅材料、强茂集团、保利协鑫等世界级企业为龙头，围绕“开发区和沛县”打造“一主一副”双载体，完善全产业链产品，多晶硅及铸锭年产能达到 10 万吨，电池片年产能达到 10 吉瓦，电池组件年产能达到 10 吉瓦，光伏电站装机年容量达到 500 万千瓦，并带动风电、生物质能等产业全面突破，力争 2025 年产值超 1 000 亿元，将徐州打造成以光伏产业为支柱的世界级新能源产业基地。其中，多晶硅产能位居世界第一、成本控制位居世界第一，拉棒切片规模水平位居世界第一、节能环保和成本控制水平位居行业第一。

2. 电子信息产业链

发展思路：以“高科技、信息化、前瞻化”为方向，紧紧抓住国家大力推动“两化”深度融合、实施“互联网+”战略的历史机遇，以协鑫光电、影速光刻、鲁汶仪器、华兴激光、云意电气、天宝电子等企业为龙头，以“一体两翼”（一体：主城区，两翼：开发区、高新区）为载体，大力发展泛半导体、应用电子、物联网及云计算产业，力争 2025 年实现产值 5 000 亿元，将徐州打造成为全国重要的电子信息产业基地。

3. 新材料产业链

发展思路：以“先进性、高性能、广覆盖”为方向，以新日铁、考伯斯等世界级企业为龙头，以经济开发区、邳州开发区为载体，以功能材料、金属材料、高分子材料为重点，着力突破重点关键技术，引进国际国内重大战略投资，力争 2025 年实现产值 2 000 亿元，将徐州打造成为全国知名的以硅材料、碳材料为核心的新材料生产研发基地。

4. 新医药产业链

发展思路：以“规模化、集团化、国际化”为方向，以万邦生化、恩华药业、必康医药为龙头，以“两区一园”（两区：开发区、高新区，一园：新沂必康医药产业园）为载体，仿创结合，开发具有国际先进水平的大品种生物化学制药，加快发展现代中药，着力建设医疗器械生产基地，努力构建医药商贸交易平台，力争 2025 年实现产值 2 000 亿元，将徐州打造成为全国重要的新医药产业基地，其中，内分泌药物、中枢神经药物位居国内第一。

5. 高端装备产业链

发展思路：以“高端化、智能化、信息化”为方向，以工业机器人和高端数控机床为重点，以华恒机器人、中欧科技、环球锻压、阿斯美特等企业为龙头，依托开发区、高新区两大载体，力争 2025 年实现产值 5 000 亿元，将徐州打造成为全国重要的高端装备制造基地。

6. 节能环保产业链

发展思路：以“绿色化、低碳化、循环化”为方向，以新春兴、浩通新材料、燃控科技等企业为龙头，以“两区一市”（两区：开发区、高新区，一市：邳州市）为载体，以节能、保护、资源综合利用为重点，着力打造三大产业支链，力争 2025 年实现产值 1 000 亿元，将徐州打造成为全省重要的节能环保示范生产基地。

三、工作任务

（一）实施创新驱动工程，提升产业核心竞争力

1. 加强关键核心技术研发

瞄准徐州制造业转型升级重大战略需求和未来产业发展制高点，定期研究和发布制造业重大领域技术创新路线图。围绕产业链部署创新链，实施制造业共性技术创新行动计划，重点突破超大型智能工程机械、动力电池及新能源汽车、工业机器人、“硅烷法”和“流化床法”多晶硅生产技术、数字化医疗设备、物联网核心器件及网格软件技术等技术和产品。面向未来产业发展，加快部署云计算、“感知矿山”井下无线通信技术、三维打印、大数据、数字农业、系统生物等技术研究，努力抢占产业创新制高点。

2. 完善产业技术创新体系

强化企业创新主体地位，完善以企业为主体、市场为导向、产学研相结合的技术创新体系。引导推动企业着力提高自主创新能力，建设高水平的研发机构，推动支柱领军企业建立企业研究院、协同创新研究院、院士工作站，大中型骨干企业建设国家和省级研发机构。引导驻徐高校积极面向地方经济建设主战场，围绕我市产业技术需求，开展科学研究和技术攻关，建设一批国家级、省级重点实验室。大力推动协同创新，积极推进与国内外名校合作，建立校企联盟、共建研发平台、共同开展科研活动。建立由政府出资，高校、科研院所以技术成果、人才团队参与共同组建高起点、高水平的徐州市产业技术研究院。

3. 促进创新成果转化应用

引导产学研用加强合作，鼓励企业和社会资本参与，在科研院所和高等院校建立一批从事技术集成、成果熟化和工程化等中试孵化基地。

支持各类企业通过股权、期权、分红等激励方式,选择一批能引领产业高端发展、市场前景好的核心关键技术成果实施产业化。推进实施军民融合工程,支持军民技术相互有效利用。

4. 优化区域创新平台布局

依托驻徐高校科教资源,加强校地合作共建,构建以中国矿业大学、江苏师范大学、徐州医科大学、徐州工程学院、徐州工业职业技术学院、江苏建筑职业技术学院、徐州生物工程职业技术学院等为依托的大学科技园集群,促进驻徐高校科研建设与我市经济社会发展实现深度融合,形成创新驱动的主阵地。加快中关村信息谷创新中心、鼓楼创客邦孵化器、邳州非晶科技企业孵化器、经济开发区好欣睛移动医疗平台、大学生创业园等载体建设,构建一批专业化的区域科技创新中心。打造高效众创空间,鼓励社会力量投资建设或管理运营创客空间、创新工场等新型孵化载体,支持存量商业商务楼宇、旧厂房等资源改造,打造一批低成本、便利化、全要素、开放式的众创空间,实现众创空间县区全覆盖。通过市场化方式构建一批创新与创业相结合、线上与线下相结合、孵化与投资相结合的众创空间,为创业者提供低成本、便利化、全要素的工作空间、网络空间、社交空间和资源共享空间,推进大众创新、万众创业。

(二)实施智慧融合工程,拓展转型升级新路径

1. 推进企业智能改造升级

深化自主可控信息技术在制造业企业中的集成应用,推广普及自动识别、信息物理融合系统、人机智能交互、分布式控制、工业机器人、智能物流管理、3D打印等先进制造技术,加快提升企业在工艺流程改造、在线监测、质量性能提升等领域的系统化整合能力,构建智能化、网络化的生产系统。加快重点装备领域智能化,提高制造业重大技术装备自动化成套能力。推动大中型企业全面开展两化融合管理体系贯标,研究制定智能工厂(车间)建设标准和认定办法,在重点领域试点建设一批智能工厂、智能车间,打造一批智能制造龙头骨干企业。

2. 完善智能制造支撑体系

按照“宽带、融合、泛在、共享、安全”的要求，全面建成全光纤网络城市，大幅提升传输交换能力和智能调度能力。完善“网＋云＋端”(工业宽带、工业云、工业智能终端)的工业信息基础设施，建设低时延、高可靠、广覆盖的工业互联网。组织开展大中型企业宽带“企企通”工程、工业企业和生产性服务业高带宽专线服务，优化“工业云”、“企业云”和中小企业“e企云”等公共服务平台，推进工业信息基础设施网络与服务“进企业、入车间、联设备、拓市场”。加强智能制造、物联网等综合化标准体系建设，培育发展一批智能制造系统解决方案提供商。

3. 加快推动两化融合创新

实施工业互联网融合创新计划，推动下一代互联网与移动互联网、物联网、云计算融合联动发展。鼓励企业发展基于互联网的个性化定制、众包设计、云计算等新型制造模式，推动形成基于消费需求动态感知的研发、制造和产业组织方式。建立工业大数据开放平台，提供数据挖掘和商业智能等服务，鼓励企业运用大数据开展个性化制造和精准营销。推动互联网制造模式创新，建立优势互补、开放共赢的融合创新生态体系。

4. 加快推进智慧徐州建设

紧扣国家信息消费示范城市和国家智慧城市试点城市建设，围绕“智慧引领，打造现代化区域中心城市”总体要求，统筹建设“智慧徐州”枢纽、创新打造产业集聚中心、协同推进高效运行中心、融合构筑公共服务中心，有序推进智慧交通、智慧医疗、智慧旅游、智慧教育等一批智慧项目，信息化整体发展达到国内领先水平，智慧城市建设成为国内区域中心城市典范。

(三) 实施质量品牌工程，扩大徐州产品影响力

1. 做精工业产品质量

大力推进标准化、计量、认证认可、检验检测等质量基础建设，针对我市产业结构特点，努力搭建服务战略性新兴产业、优势特色产业发展

的国家级和省级检验检测平台。大力推进质量强市建设，组织实施质量强业、质量强企工程，支持行业龙头企业主导或参与国际标准、国家标准、行业标准制定，鼓励企业采用先进标准组织生产。推进产业联盟协同开展标准化建设，掌握产业技术标准话语权。支持企业建立首席质量官制度和专业性质量管理团队，持续开展质量技术攻关和质量改进，争创国家级、省级质量奖和市长质量奖。规范企业质量安全承诺，编制发布含工业产品质量的区域年度质量报告，实行严格的质量追溯、产品召回和责任追究制度。

2. 加大名品名牌创建力度

强化企业品牌化发展战略，鼓励企业打造自主品牌，支持企业争创中国驰名商标、省著名商标和省名牌产品，引导企业通过境外注册商标、收购国际品牌等方式，提升品牌国际竞争力。支持企业以品牌为资产进行参股控股、重组合并，开展授权、许可、转让、虚拟经营等活动，鼓励银行业金融机构提供商标质押贷款。开展国家知名品牌示范区、省优质产品示范区、江苏区域名牌“三区同创”活动，支持集群企业申请注册集体商标。

3. 推进企业诚信建设

实施企业信用管理“千企贯标、百企示范”工程，完善企业信息查询和公示制度，加快培育一批合同诚信企业、质量诚信企业、诚信经营企业、技术合作诚信企业。开展重点行业诚信示范创建活动，建立信用促进会，健全企业信用档案，探索建立企业信用评级和评级结果推介制度，推动市县及部门信用信息互联共享。强化企业信用信息应用，建立健全严重失信企业公示制度，定期发布失信企业“黑名单”，增加企业发展失信成本。

（四）实施双向开放工程，促进制造业国际化发展

充分发挥新亚欧大陆桥经济走廊重要节点城市的突出优势，积极主动对接“一带一路”，加快推进双向开放，不断开辟徐州对内对外开放新空间。

1. 扩大产能投资合作

深度对接"一带一路"沿线国家地区发展需求，协同推进对外投资、产品出口、产能合作，加快走出去转型升级，使之成为结构性改革的重要发力点。推动龙头企业走出去发展，支持徐工集团、协鑫、徐矿集团、维维集团等大企业大集团在海外建立生产基地、研发机构和营销网络，更高水平参与国际分工、整合全球资源、开展并购重组，打造更具竞争力的本土跨国企业集群。推动富余产能走出去化解，加快装备制造、煤盐化工、冶金、建材等富余产能向低成本地区和境外资源地转移，开拓新的市场空间，提高可持续发展能力。推动资源能源走出去开发，以电力、煤炭深加工、装备与工程服务等为重点，支持我市企业积极参与沿线国家和地区资源能源勘探开发，布局重大外部能源项目，打通能源供给通道，加快构建以徐州为核心的大陆桥能源基地。

2. 提高利用外资水平

加快引进资金、技术、管理和智力资源，以高水平引进来倒逼改革、促进转型、推动发展。明确产业招商方向，瞄准产业链、价值链中高端，重点抓好先进制造业、战略性新兴产业等领域招商，加快引进一批龙头型、基地型项目，培育壮大一批"四新领域"增长点，以高质量投入带来高质量产出。突出板块招商重点，把引进投资规模大、带动能力强的重特大项目作为首要任务，紧盯行业领军企业开展定向招商，力争每个县(市)每年引进一批投资 3 000 万美元以上的外资或 5 亿元以上的内资项目。精心办好招商活动，在"一带一路"沿线国家和日本、新加坡、德国等重点区域开展小分队招商，提高招商专业化、市场化、精细化水平，确保取得实实在在的成效。

3. 加强载体平台建设

大力推动园区升级。加快徐州经济技术开发区、徐州高新区、中国矿业大学国家大学科技园三大国家级园区转型升级、创新发展，支持有条件的省级开发区申报国家级园区，力争每个板块都有 1—2 个国字号开放载体，打造高端产业、高端技术、高端人才汇聚的开放高地。大力发展开放型经济平台。重点建设和完善电子口岸、综合保税区、陆路开放口岸、航空口岸等“十大平台”，构建“全方位、立体式、多领域、高水平”的双向开放平台体系。大力促进产城融合。坚持成片开发、混合开发、融合开发，强化城市第二、三产业合理布局，全面提升开发园区的产业承载功能、商务商贸功能、公共服务功能，打造与国际接轨的一流园区、现代新城。

（五）实施绿色低碳工程，提高可持续发展能力

1. 加快制造业绿色改造

以冶金、化工、建材、电力等主要耗能行业为重点，组织实施锅炉（窑炉）、电机系统、余热余压利用、能量系统优化等节能改造。推进重点企业节能低碳行动，推行合同能源管理。推进能源智慧化管理，建设重点耗能企业能耗在线监测平台，升级改造企业能源管理中心，实施能源动态监测、控制和优化管理。

2. 加大工业污染防治

在钢铁、水泥、化工等重点行业，对超标、超总量排污和使用、排放有毒有害物质的重点企业实施强制性清洁生产审核。开展ISO 14000环境管理体系、环境标志产品和其他绿色认证。加快建立生态补偿、排污权交易、碳排放交易等机制。大力发展环保技术装备，鼓励企业加快源头减量、减毒、减排以及过程控制等绿色智能装备的改造升级，加快二氧化硫、氮氧化物、烟尘、粉尘等大气污染物治理装备技术发展，满足环境保护需求。

3. 推进循环经济发展

建设绿色工厂，推广源头减量、循环利用、再制造、零排放和产业链接技术，增强企业绿色精益制造能力，大幅降低能源、物料和水的消耗。发展绿色园区，全面推行循环生产方式，促进企业、园区、行业间链接共生、原料互供、资源共享，省级以上开发区全部进行园区循环化改造并建成生态工业园区。

4. 强化节能环保监管

严格落实《中华人民共和国环境保护法》和《江苏省大气污染防治

条例》等法律法规，不断提高高耗能产品（设备）能耗限额和准入指标，严格实施项目能评和环评制度，提高高耗能、高排放行业的准入门槛。加强节能环保监察执法，对超标准、违规使用落后用能设备企业执行惩罚性电价和差别电价，促进企业加大节能减排工作力度。

（六）实施服务制造工程，创新产业发展新模式

1. 推动制造业服务化转型

引导和支持制造业企业延伸服务链条，从主要提供产品制造向提供产品和服务转变。鼓励企业拓展在线监控诊断、远程故障诊断及维护、工控系统安全监控、系统运行维护、网上支付结算等新业务及产品后市场服务，不断完善产品全生命周期管理体系。鼓励企业重点打造产品后市场服务、大规模定制、总集成总承包、供应链整合管理、品牌和核心技术服务及其他制造业服务化新业态、新模式项目，推进制造业服务化进程。

2. 培育生产性服务业新业态

大力发展面向制造业的信息技术服务，提高重点行业信息应用系统的方案设计、开发、综合集成能力。鼓励互联网等企业发展移动电子商务、在线定制、线上到线下等创新模式，积极发展对产品、市场的动态监控和预测预警等业务，实现与制造业企业的无缝对接，创新业务协作流程和价值创造模式。加快发展研发设计、技术转移、创业孵化、知识产权、科技咨询等科技服务业，发展壮大第三方物流、节能环保、检验检测认证、电子商务、服务外包、融资租赁、人力资源服务、售后服务、品牌建设等生产性服务业，提高对制造业转型升级的支撑能力。

3. 加强公共服务平台建设

聚焦工程机械、光伏新能源等重点产业以及徐州经济技术开发区、徐州高新区等重点园区，建设一批制造业服务化示范功能区和公共服务平台，整合汇聚科技和服务资源，为行业和园区制造业企业开展服务创新提供支撑。面向中小企业产业集群，推动建设一批集基础研发、工业设计、试验检测、计量认证等于一体的综合性公共服务平台和服务功能区。

金融助力“徐州智造”加快发展精品工程实施方案

一、指导思想

以习近平总书记视察徐州重要指示精神为指导，以将徐州打造成为区域性先进制造业基地“一个目标”“工业立市、产业强市”两大战略为指引，持续加强和改进区域性制造强市建设的金融支持和服务，努力构建长效工作机制，助推徐州实现制造大市向“智造”强市的新跨越。

二、总体原则

（一）突出重点

紧紧围绕《中国制造 2025 徐州行动纲要》，牢牢把握新形势下金融支持制造业工作的新特点、新任务和新要求，重点开展“打造‘徐州智造’金融精品项目”“推广‘徐州智造’金融精品产品”“优化‘徐州智造’金融精品服务”“扩大‘综合金融服务平台’应用”“推动跨境投融资提质增量”五大活动，着力推动我市制造业在重点领域、重点环节取得显著突破。

（二）因地制宜

围绕地区经济发展特点、难点和实际需求，有的放矢确定金融助力“徐州智造”推进的重点；鼓励各地发挥主观能动性，通过点面结合、市县共建、上下联动促进金融助力“徐州智造”工作的典型示范与普及推广。

（三）聚集合力

依托地方党委和政府，充分聚集金融系统内部、主办部门以及与其他相关机构的合力，注重金融政策与产业政策、财税政策的配合，积极构建金融助力“徐州智造”组织协调机制和政策配套体系，大力营造金融助力“徐州智造”工作推进的良好环境与氛围，协力推动金融项目、产品、服务、模式、市场的创新与突破。

（四）争创实效

通过对“金融助力‘徐州智造’加快发展精品工程”的组织推动、政策激励、监测评估、总结推广以及形式多样、主题鲜明的重大活动，促进金融助力“徐州智造”的外延不断拓展、内涵不断深化、成效不断凸显、影响更加广泛。

三、工作目标

推动制造业贷款保持增长，力争2020年贷款余额尤其是先进制造业贷款明显增长。提高信用贷款和中长期贷款在制造业贷款中的比重。打造“徐州智造”金融精品项目、产品与服务，尤其在高端装备制造、绿色制造等领域形成一批具有徐州特色的金融服务模式和品牌，在民营和中小制造业领域创新推广一批可复制、能推广的金融产品和服务方式。进一步完善各类融资培育和政策服务平台建设，实现制造业产融合作的长效和可持续发展。

四、主要工作安排

（一）打造“徐州智造”金融精品项目

1. 主要内容

一是聚焦重点领域，围绕徐州制造业发展方向，深挖制造业增长潜力，加大对重点领域的制造业项目支持；二是向受新冠肺炎疫情影响较为严重的中小型制造业企业倾斜，支持受新冠肺炎疫情影响的实体企业渡过难关；三是突出产融结合，以金融支持先进制造业发展为支点，全面促进制造产业升级、金融创新发展有机结合。

2. 责任部门及分工

（1）责任部门。

中国人民银行徐州市中心支行、徐州市发展和改革委员会、徐州市工业和信息化局、徐州市地方金融监督管理局，各银行业金融机构，各县（市、区）对应职责部门。

（2）部门分工。

中国人民银行徐州市中心支行负责指导银行业金融机构打造“金融助力‘徐州智造’加快发展精品工程”各项主题活动，组织做好制造业重点领域贷款监测工作；深化部门合作，围绕先进制造、绿色制造等重点领域筛选潜力企业、优质项目，设立制造业企业培育库，着力为各银行业金融机构推介优质制造业项目。使用各类货币政策工具，支持金融机构加大对受新冠肺炎疫情影响的制造业企业信贷投放力度。

徐州市发展和改革委员会、徐州市工业和信息化局负责制造业企业金融服务中行业政策的把控，潜力企业、优质项目相关信息的采集及推介工作。

徐州市地方金融监督管理局负责完善政府性融资担保体系建设，引导政府性融资担保机构加大对制造业企业的金融服务支持。

中国人民银行各县（市）支行结合当地优势制造产业，确定金融支持制造业精品项目，引导辖区金融机构围绕主题项目开展活动，活动形式可不拘一格，活动方式可丰富多样，着力在金融支持优势制造业项目工作中取得进展和突破。

各银行业金融机构结合推介企业项目名单及自身客户资源，优选2—3个金融支持制造业项目申报精品项目，可以是具体的某个项目，也可以是一类项目。

（二）推广“徐州智造”金融精品产品

1. 主要内容

聚焦制造业发展的难点、痛点，务实谋新，并在以下领域打造产品精品：① 拓展“首贷户”，重点加大对“专精特新”中小制造业企业的金融支持力度。② 积极推广信用贷款产品，加大对无抵押、无担保企业的融资支持。③ 提高中长期贷款占比。④ 鼓励政策性银行创新推广统贷、转贷、直贷等模式，满足不同层次制造业企业的融资需求。⑤ 围绕核心企业供应链创新金融产品。⑥ 加大制造业企业国际金融产品创新，推广内保外贷、出口信用贷款、押汇贷款、并购贷款等信贷产品。⑦ 探索投贷联动融资业务。积极探索与创业投资、股权投资机构开展合作，实现投贷联动，为处于种子期、初创期的高成长性制造业企业提供有效的融资支持。鼓励有条件的银行业金融机构积极发起或参与设立产业投资基金，多渠道支持制造业发展。⑧ 继续扩大直接融资规模。大力发展直接债务融资工具，拓展制造业企业融资渠道。

2. 责任部门及分工

（1）责任部门。

中国人民银行徐州市中心支行、中国人民银行各县（市）支行，各银行业金融机构。

（2）部门分工。

中国人民银行徐州市中心支行指导市级银行业金融机构积极参与制造业产品创新活动，在全市筛选百个金融支持“徐州智造”精品项目案例及产品，编写《金融助力“徐州制造”加快发展精品案例汇编》，方便金融机构互相借鉴，并向制造业企业免费发放，向地方政府展示，增强政银企互动，助力企业发展。

中国人民银行各县（市）支行负责组织上报辖内金融支持制造业企业案例及创新产品的宣传工作；引导辖区金融机构深入挖掘制造业领域中有效金融需求；及时总结上报特色经验和做法。

各银行业金融机构要围绕以上产品领域加大创新力度，重点加大对首贷产品、信用产品、中长期产品的开发力度。每个单位遴选 2—3 个信贷支持制造业的案例和金融产品申报“徐州智造”金融精品案例及产品。

（三）优化“徐州智造”金融精品服务

1. 主要内容

一是强化政策引领，发挥财政政策和货币政策的协同效应，撬动社会资本促进先进制造业发展。二是完善金融顾问服务，重点帮助制造业企业提供基础理财、信用等级提升、资金融通方案等咨询服务。三是优化信贷管理，着力推进制造业融资信贷管理、风险管理、考核激励等实实在在的服务机制。

2. 责任部门及分工

（1）责任部门。

中国人民银行徐州市中心支行、徐州市财政局、徐州市地方金融监督管理局，中国人民银行各县（市）支行，各银行业金融机构。

(2)部门分工。

中国人民银行徐州市中心支行负责完善金融顾问服务。深化金融顾问制度建设,组建制造业金融特派员队伍,提供金融咨询,重点为企业提供信用等级提升、资金融通方案等咨询服务。充分参考经济和信息化委员会、发展和改革委员会、环境保护部门等发布的“白名单”“黑名单”,并向金融机构反馈。创新货币政策工具使用方式,开通先进制造业企业票据再贴现绿色通道,设立支持先进制造业企业融资的专项再贴现产品;根据金融机构项目带动制造业企业数量、授信额度、拓展客户数,为其匹配货币政策工具额度。

徐州市财政局负责整合放大财政资金引导作用。充分发挥财政资金对金融资源、社会资本的杠杆作用,通过设立风险补偿基金、转贷基金等方式,吸引更多资金进入制造业领域。完善存贷挂钩制度,鼓励各金融机构对制造业加大信贷投放。根据年末各行制造业贷款净增加额目标完成率相应增加或减少市级财政性资金存放。加大财政贴息金融产品对制造业企业的支持力度。

徐州市地方金融监督管理局负责完善制造业企业应急转贷机制,充分发挥中小企业应急转贷资金的作用,重点支持制造业企业500万元以下的过桥转贷,有效缓解企业融资难融资贵问题。

中国人民银行各县(市)支行负责协调当地相关部门落实政策服务,打造地方特色精品服务。

各银行业金融机构申报制造业金融顾问名单,按照金融顾问制度要求为制造业企业提供金融顾问服务。

(四)扩大“综合金融服务平台”应用

1. 主要内容

一是坚持服务中小企业宗旨,提高“徐州市综合金融服务平台”对接效率,提升金融服务效率与水平,切实解决企业融资难题,助推中小制造业企业做大做强。二是开设受新冠肺炎疫情影响小微企业融资绿色通道,重点支持受新冠肺炎疫情影响的小微企业,对其开展精准帮扶。

2. 责任部门及分工

（1）责任部门。

徐州市地方金融监督管理局、中国人民银行徐州市中心支行，各银行业金融机构、政府性融资担保公司。

（2）部门分工。

徐州市地方金融监督管理局负责“综合金融服务平台”宣传推广，开设受新冠肺炎疫情影响小微企业融资绿色通道，支持银行机构通过绿色通道开展服务对接。

中国人民银行徐州市中心支行负责推动“综合金融服务平台”融资进展，特别是根据绿色通道内参与银行贷款投放情况，提供再贷款再贴现支持，加大“小微 e 贷”和“小微 e 贴”推广力度。

各银行业金融机构积极运用金融服务平台开展金融业务，提升平台企业接入率和活跃度。及时发布金融产品，主动对接制造业企业需求，及时更新业务信息，引导更多制造业中小微企业贷款通过金融服务平台授信发放。

各政府性融资担保机构负责优化融资担保服务。进一步畅通银担合作渠道，积极为绿色通道制造业小微企业贷款提供担保、再担保，用足用好政策，进一步降低担保费率，取消反担保要求。

（五）推动跨境投融资提质增量

1. 主要内容

一是把握徐州市新形势下制造业企业融资需求特点，着力推动全市优质制造业企业在跨境投融资方面取得突破。二是加强政策对接解读，指导各外汇指定银行开展跨境融资产品和服务创新，发挥外汇服务对地方实体经济发展的助推作用。

2. 责任部门及分工

（1）责任部门。

中国人民银行徐州市中心支行，各银行业金融机构。

（2）部门分工。

中国人民银行徐州市中心支行负责按照分类管理原则，支持制造业企业积极参与"一带一路"建设与新兴市场拓展，满足其境外投资项目合理的外汇及跨境人民币支付需求；建立跨境融资制造业企业备选库并及时向银行发布，增强跨境融资服务的针对性和有效性；加强政策宣传和产品推介，指导银行结合企业情况，把握国际金融市场变化，为企业提供低价的境外资金和优质的外汇服务。

各银行业金融机构结合中国人民银行跨境融资制造业企业备选库和自身客户储备情况，深入开展贷前调查，挖掘企业有效融资需求。对于有市场、有潜力、有需求的智能装备制造业企业，积极采取"内保外贷"、境外直贷等形式为其提供资金支持。对跨境融资企业定期上门提供相关金融服务，帮助企业解决跨境融资中遇到的相关问题。

围绕"信贷增扩"，开展"金融顾问万户行计划"，金融机构全年走访企业户数力争突破1万户，其中本行无贷户企业数量占比不低于50%。围绕"降本增效"的要求，开展"金融惠企降成本"计划。

三、重点工作

（一）实施"融资信息万户通"计划（2019年1—6月）

按照"信息增质"要求，力求通过部门合作、科技金融融合，打破银企信息沟通屏障，为万户民营和小微企业提供融资信息。

1. 开发上线金融顾问App

为提高银企信息沟通效率，按照资源整合、数据整合要求，在智慧徐州App中增设"金融顾问"功能，实现线上企业项目路演、金融产品查询、线上融资申请、金融顾问咨询等功能，并与智慧徐州App、江苏金融综合服务网实现数据实时传输，实现徐州企业融资信息"一站式"服务。

责任单位：中国人民银行徐州市中心支行牵头，徐州市工业和信息化局、徐州市地方金融监督管理局配合。

2. 组织金融顾问上线服务

各金融机构按照分支机构服务区域、客户经理专业特长等条件排定2019年徐州市金融顾问，原则上各分支机构都应设金融顾问，顾问信息上传至金融顾问 App。各金融顾问要及时响应线上融资咨询，并积极向客户推荐使用并下载金融顾问 App。

责任单位：中国人民银行徐州市中心支行牵头，中国人民银行各县（市）支行、各金融机构配合。

3. 增强融资信息质量

各相关单位要进一步强化信息合作，增强融资信息的真实性和有效性。进一步整合融资信息，充分挖掘非信贷信息的作用，利用各类信息对融资民营和小微企业进行数据“画像”，降低融资信息成本。

责任单位：中国人民银行徐州市中心支行，徐州市工业和信息化局。

4. 开展各类银企对接活动

鼓励各金融机构广泛开展银政、银保合作，开展专业化、特色化、精品化的银企对接活动，通过银企对接活动提供适销对路的融资信息。鼓励采取涵盖前、中、后台的金融团队方式参与银企对接活动，通过团队方案切实解决客户融资难题。原则上各金融机构开展或参与银企对接活动不低于 3 场。

责任单位：中国人民银行徐州市中心支行牵头，中国人民银行各县（市）支行、各县（市）区经济发展局（工业和信息化局）、各金融机构配合。

（二）实施“信用信息万条增”计划（2019 年 4—7 月）

按照“几家抬”工作思路，通过部门合作、升级中小企业信用信息管理系统等方式，为企业增进信用，为金融机构推送万条企业信用信息。

1. 推动“信保基金”落地实施

组织推进徐州市信保基金、徐州国家高新区信保基金合作事项，保障第一批合作银行顺利开展业务。梳理各县（市、区）重点合作企业名录，争取合作企业用好用足信保基金。

责任单位：徐州市地方金融监督管理局牵头，徐州市财政局、徐州高新区财政局、人民银行徐州市中心支行、徐州市融资担保公司配合。

2. 打造支持民营企业一站式财政金融服务平台

发挥财政资源撬动作用，建立财政奖补或风险分担机制，建立合理的担保、再担保风险分担和补偿机制，着力降低担保费用。设立政府性担保基金，充实国有担保、再担保机构资本金，增强服务能力。应用中小微企业风险补偿、应急周转资金、信保基金、政府性融资担保机构、提供贷款贴息等多种方式，发挥财政基金增信类金融产品作用，切实加大对民营和小微企业的支持力度。将“苏微贷”“苏科贷”“富民创业贷”“担保贷”“保险贷”等产品统一打包，将线下日常申贷、放款、还款等工作上线管理，实现动态申报、动态放贷、动态管理，满足企业全周期多元化发展需求，为企业提供增信支持，提高金融服务效率。

责任单位：徐州市财政局牵头，中国人民银行徐州市中心支行、各县(市)区财政局、相关金融机构配合。

3. 开发民营企业专家智能打分系统

进一步健全中小企业信用信息采集和应用机制，分层次、有重点地拓展非银信息采集范围。在中小微企业信用信息辅助管理系统基础上，开发“民营企业专家智能打分系统”，运用大数据分析功能，重点筛选无贷优质民营企业，由金融机构进行对接。

责任单位：中国人民银行徐州市中心支行牵头，各金融机构配合。

4. 联合建立重点企业信用信息库

开展千家民营企业融资帮扶活动，围绕徐州市“6＋6”先进制造业和“333”现代服务业产业体系，在全市选取 1 000 家民营企业开展融资帮扶活动。向金融机构提供千家重点帮扶企业经营状况、财务状况等相关信息，在金融顾问 App 公布，帮助企业拓宽融资渠道。

责任单位：徐州市发展和改革委员会、中国人民银行徐州市中心支行牵头，各县(市)区经济发展局(工业和信息化局)、中国人民银行各县(市)支行、各金融机构配合。

(三) 实施“金融服务万户行”计划(2019 年 4—11 月)

在“2018 金融惠企大走访”活动基础上，按照“提质扩面”的要求，深度挖掘大走访存量客户，广泛发掘无贷客户，提高金融服务民营和小微企业的受益面，提升民营和小微企业的金融资源获得感。

1. 遴选走访民营小微企业名单(4—10月)

数量应不低于“大走访”活动走访企业数量的200%(其中4—6月不低于“2018金融惠企大走访”活动的150%),本行无贷客户数量占比不低于50%,回访“2018金融惠企大走访”后仍未获得融资的客户数量不低于10%。全市累计走访目标为10 000户。各金融机构负责走访的客户经理要登录金融顾问App,记录走访情况和走访图片。

责任单位:中国人民银行徐州市中心支行牵头,中国人民银行各县(市)支行、各金融机构配合。

2. 力促民营和小微企业增量扩面(7—11月)

提高金融服务民营和小微企业的精准性,助推一大批有市场、有前景、诚实守信经营的中小民营企业获得金融资源支持,力争2019年末民营企业、小微企业贷款余额稳步增长。

责任单位:中国人民银行徐州市中心支行牵头,中国人民银行各县(市)支行、各金融机构配合。

3. 做好政策宣传和金融知识普及

一方面,各相关单位积极开展支持民营企业健康发展政策宣讲活动。各金融机构要通过金融顾问万户行计划,广泛开展民营和小微企业金融扶持政策的宣传解读,主要宣传相关金融政策、典型产品和特色做法,提升企业对金融产品和服务的知晓率。另一方面,要大力普及支付结算、征信管理、存款保险制度、金融消费权益保护等金融知识,提高企业学习金融知识、运用金融工具的能力,营造诚实守信、合法经营的良好氛围。

责任单位:中国人民银行徐州市中心支行、徐州市工业和信息化局、徐州市财政局、徐州市发展和改革委员会牵头,中国人民银行各县(市)支行、各县(市)区经济发展局(工业和信息化局)、财政局、地方金融监督管理局、各金融机构配合。

(四)实施“金融惠企降成本计划”(2019年4—12月)

通过政策指引和窗口指导,引导银行业金融机构规范定价行为、创新金融产品,引导民营和小微企业拓宽融资渠道,有序引导民营和小微企业融资成本下行,力争2019年末普惠口径小微企业贷款成本较年初有所下降。

1. 强化货币政策工具引导

落实好稳健的货币政策,实现辖区信贷及社会融资规模合理增长,为降低民营和小微企业融资成本营造适宜的货币环境。要发挥货币政策工具投向与价格"双引导"作用,落实再贷款利率加点政策,引导民营和小微企业融资成本降低。加强再贴现投向价格量化管理,执行好票据贴现利率价低优先的政策。进一步提高金融债券发行初审效率,支持符合条件的地方法人金融机构发行二级资本债、小微金融债、三农金融债和绿色金融债等各类债券,增强资本实力,降低民营和小微企业的融资成本。

责任单位:中国人民银行徐州市中心支行牵头,中国人民银行各县(市)支行配合。

2. 引导金融机构科学定价行为

发挥市场利率定价自律机制作用,维护存款定价秩序,坚决避免恶性竞争可能导致的资金成本上升问题。各金融机构要继续实施内部资金转移价格优惠,加大内部补贴,合理确定贷款利率水平。要严格收费管理,进一步梳理规范收费项目和标准,归并删减不合理的收费项目。

责任单位:市场利率定价自律机制委员会。

3. 丰富直接融资等低成本资金渠道

为民营和小微企业在银行间市场融资提供良好的承销服务。继续推动民营企业债券融资支持工具发展,加强政策宣传宣讲,加强沟通协调,分批选取具备条件的民营企业,助力民营企业通过债券市场融资。

责任单位:各金融机构。

4. 创新金融产品降低企业成本

积极利用科技创新、外贸出口、现代服务业、小微企业等领域的财政专项风险补偿资金,或者通过参与共建风险补偿资金池的方式,积极开发政府增信产品，有效降低企业融资成本。加快发展知识产权、股权、仓单、订单、应收账款等质押贷款和供应链融资业务，加大对科技、文化、现代服务业和战略性新兴产业民营、小微企业的支持。

责任单位：各金融机构。

5. 强化内部管理制度改革

通过优化内部定价流程、创新产品模式、分散风险机制等综合措施，提高民营和小微企业融资覆盖面，降低融资成本。充分利用大数据技术，加强风险识别和风险管理，有效降低风险成本。在风险清晰、商业可持续的前提下，扩大民营和小微企业“无还本续贷”业务范围。对于贷款到期有续贷需求的企业，商业银行可提前主动对接。

责任单位：各金融机构。

四、保障措施

（一）建立工作协调机制

中国人民银行徐州市中心支行、徐州市发展和改革委员会、徐州市工业和信息化局、徐州市财政局、徐州市地方金融监督管理局建立协调机制，召开部门联席会议，加强工作协调。中国人民银行徐州市中心支行成立“徐州市‘三信’融合助力民营和小微企业融资质效提升工程”活动推进小组，市区各银行机构分管负责人为成员，办公室设在中国人民银行徐州市中心支行货币信贷管理科，负责日常工作协调。

（二）建立政策激励机制

中国人民银行徐州市中心支行综合运用货币政策工具，引导金融机构资源向民营和小微领域倾斜。对法人金融机构投放涉农贷款但资金不足的，将给予再贷款支持。对民营和小微票据优先给予再贴现。

（三）落实考核督促工作

按季调度实施方案进度，评估考核金融机构支持民营企业和小微企业工作。对工作业务表现突出的集体和个人予以表彰；对工作不到位、措施不得力、成效进展缓慢的金融机构予以通报。同时，该项工作纳入地方法人金融机构宏观审慎评估体系（MPA）考核。

徐州市级富民创业担保贷款实施办法

第一章 总 则

第一条 为更好发挥创业担保贷款促进创业就业作用，进一步规范和促进富民创业担保贷款工作，根据财政部《普惠金融发展专项资金管理办法（修订稿）》（财金〔2019〕96 号），江苏省财政厅、中国人民银行南京分行、江苏省人力资源和社会保障厅《关于做好江苏省富民创业担保贷款管理工作的通知》（苏财金〔2018〕124 号），徐州市人民政府《市政府关于做好当前和今后一个时期促进就业工作的实施意见》（徐政发〔2019〕3 号）等文件精神，结合徐州市区实际，制定本办法。

第二条 本办法所称富民创业担保贷款，是指以徐州市区范围内（不含铜山区，下同）具备规定条件的创业者个人或小微企业为借款人，由富民创业担保贷款担保基金（以下简称“担保基金”）提供担保，由经办此项贷款的银行业金融机构（以下简称“经办银行”）发放，由财政部门适当给予贴息，用于支持个人创业或小微企业扩大就业的贷款业务。

第三条 本办法所称担保基金，是指由市政府出资设立，为富民创业担保贷款提供担保的专项基金。担保基金由市财政局或委托第三方机构负责运营管理，并与市本级经办银行约定风险分担比例。

第四条 本办法所称经办银行，是指由财政部门会同市人力资源和社会保障部门、中国人民银行徐州市中心支行依据银行合作申请采取集体研究等方式，确定的为符合条件的个人和小微企业提供创业担保贷款的银行业金融机构。经办银行确定后，应与财政部门、人力资源和社会保障部门、中国人民银行徐州市中心支行签订合作协议，明确各方权责。

第二章 贷款对象、条件和用途

第五条 个人创业者是指徐州市区行政区域内经工商注册的全体城乡创业者（包括外地户籍在我市市区创业人员），其中城镇登记失业人员、就业困难人员(含残疾人)、复员转业退役军人、刑满释放人员、高校毕业生(含大学生村干部和留学回国学生)、化解过剩产能企业职工和失业人员、返乡创业农民工、网络商户、建档立卡贫困人口、农村自主创业农民等人群为富民创业贷款重点支持对象(简称"重点群体")。对个人创业者中的妇女,应给予重点支持。

第六条 小微企业。

一类企业是指普通高校在校生及毕业后5年内的大学生(包括专科生、本科生、硕士生和博士生),在徐州市区自主创办的企业,大学生担任该企业的法定代表人,且大学生创业团队核心成员出资总额不低于注册资本的30%。

二类企业是指在徐州市区登记注册,当年(申请之日前12个月内)新招用符合创业担保贷款申请条件的重点群体人数达到企业现有在职职工人数的15%(超过100人的企业达到8%),并与其签订1年以上劳动合同的小微企业,小微企业认定标准按照国家统计局《统计上大中小微型企业划分办法(2017)》(国统字〔2017〕213号)执行。

第七条 借款人应符合以下条件:

(一)在市区居住和生活,在法定劳动年龄内(不含退休人员)。

(二)在市区经工商登记注册领取营业执照(承包土地规模化经营的创业农民提供土地流转协议)。

(三)提供创业项目相关证明材料,项目应是最近5年内登记注册。

(四)借款人最近5年应无不良信用记录,无拖欠职工工资、欠缴社会保险费等违法违规行为。申请人提交贷款申请时,除助学贷款、扶贫贷款、住房贷款、购车贷款、5万元以下小额消费贷款(含信用卡消费)以外,本人及其配偶应没有其他贷款。

除具备以上条件外,一类企业项目还应具备技术创新及商业模式创新特色明显,技术较为成熟,生产及市场营销计划可行,市场开发潜力大,成长性好,掌握必备的研发、生产技术,具备研发人才队伍和生产必备的设施设备等条件。网络商户还需满足以下条件:① 在第三方网络交易平台上实名注册、稳定经营的网络商户创业者；② 以实名注册时间为准，稳定正常经营 6 个月以上；③ 能够提供近半年的交易额单据。

第八条 创业担保贷款只能用于借款人企业或创业项目开办经费、固定资产购置、流动资金周转、技术改造等生产经营活动，不得用于购买股票、期货等有价证券和从事股本权益性投资，不得用于违反国家有关法律、法规和政策规定的用途。

第三章 贷款额度、期限和利率

第九条 个人创业担保贷款额度一般为 15 万元；对雇用 3 人以上的创业项目，额度可以提高到 30 万元（含）以上，但最高不超过 50 万元；小微企业中一类企业担保贷款额度最高不超过 300 万元，二类企业创业担保贷款额度由经办银行根据企业实际招用重点群体的人数合理确定，每人不超过 10 万元，最高不超过 300 万元。

第十条 借款人、经办银行应当根据借款人经营活动和资金周转情况，约定创业担保贷款还款方式和计结息方式，合理确定贷款期限。个人创业担保贷款期限累计最长不超过 3 年，贷款次数累计不超过 3 次。小微企业创业担保贷款期限累计最长不超过 2 年，贷款次数累计不超过 3 次。

第十一条 个人创业担保贷款利率由经办银行参照贷款市场报价利率（LPR）并结合借款人信用情况、风险分担方式合理确定。小微企业创业担保贷款利率，由经办银行根据借款人的经营状况、信用情况与借款人协商确定。上述贷款利率（包括个人和小微企业）应限定在同期 LPR（合同签订之日，下同）上浮不超过 200 BP，鼓励银行按照 LPR 放贷，合理降低借款人融资成本。贷款利率应在贷款合同中载明，各经办银行不得以任何形式变相提高创业担保贷款实际利率或额外增加贷款收费。

第四章 贷款管理

第十二条 创业担保贷款原则上按照“借款人依规定申请，人力资源和社会保障部门按规定审核借款人资格，经办银行按职责尽职调查、审核放贷，财政部门按规定贴息”的流程办理。

在有效控制风险、确保资金安全的前提下，各节点可以采取简化贷款办理流程、提供“一站式”服务、搭建网络审批平台、实施“首问负责制”等方式，提高办理效率，为创业者申请贷款提供便利。经办银行应建立高效的审批机制，缩短审批时间，简化贷款申请和审批手续，优化服务流程。

第十三条 经办银行要制定创业担保贷款管理办法，实施专人专项管理，规范贷前调查、贷中审批和贷后管理等各个环节，加强对贷款资金投向的监督管理，将创业担保贷款纳入银行业务考核，原则上，一个协议年度内贷款量不能低于担保基金的3倍。

第十四条 鼓励充分利用各类社会信用信息、中国人民银行征信信息探索取消借款人反担保要求。下列人员申请个人创业担保贷款时，经办银行可取消反担保要求：

（一）申请人在中国人民银行个人征信系统无不良记录，单笔贷款金额在15万元(含)以内的贷款；

（二）选树为市(县)级以上创业典型、获得省级以上创业示范基地推荐等信用良好的创业者；

（三）经金融机构评估认定的信用小微企业、商户、农户等特定群体。

第十五条 除无须提供反担保的情况外，借款人根据经办银行要求，提供一定形式、一定比例的反担保方式：

（一）自然人反担保。党政机关、事业单位、国有企业及担保基金运管机构认可的其他具备担保能力的人员提供连带责任保证担保。个人创业担保贷款原则上提供一名反担保人即可。

（二）抵押反担保。按有关规定可办理抵押登记手续的不动产、动产、林权、农村承包土地经营权、农民住房财产权等。

（三）质押反担保。自然人或企业拥有的银行定期存单、有价证券、股权、债权、应收账款、无形资产等。

（四）第三方机构反担保。担保公司、保险公司、典当行、创业孵化基地或创业园等提供反担保。

（五）其他反担保方式。对经办机构综合评估后需提供反担保的贷款申请，贷款对象或其亲友的房屋、汽车、机器设备、大件耐用消费品或有价证券等经评估认可，均可作为抵押品。

第十六条 担保基金对二类小微企业只贴息不担保。对担保基金提供担保的贷款，逾期3个月以上，经催收后仍未归还的，在1个月内由担保基金与经办银行按协议约定比例分担，担保基金代偿比例最高不超过80%。

第五章 贷后管理

第十七条 切实加强贷后跟踪管理，探索建立贷款风险防控长效机制。贷款期限内，经办银行根据实际情况对借款人进行电话或实地跟踪回访。如发现借款人本身或项目经营出现异常情况的，应给予重点关注，督促其按期偿还贷款本息。

第十八条 创业担保贷款到期，借款人不能按期足额偿还贷款的，经办银行应当积极催收。逾期的创业担保贷款经担保基金代偿后，经办银行仍应积极追偿。经追偿后回收的贷款，由担保基金和经办银行按代偿比例分别受偿。在规定期限内确实无法追偿的，可按规定程序从担保基金中核销。

第十九条 经办银行创业担保贷款逾期率（逾期贷款余额/全部贷款余额）达到10%时，应暂停发放新的创业担保贷款，经采取整改措施并报市财政部门、人力资源和社会保障部门同意后，方可恢复开展创业担保贷款业务。经办银行创业担保贷款逾期率达到20%时，市财政部门、人力资源和社会保障部门应终止与该银行的创业担保贷款业务合作。

第二十条 对出现逾期的贷款，由经办银行负责追讨，人力资源和社会保障部门要积极配合经办银行，督促借款人及时归还，并及时将借款人的信贷业务信息报送至金融信用信息基础数据库。对恶意拖欠创业担保贷款的个人，经办机构应将其信息报送至省失信联合惩戒信息系统。

第二十一条 在操作规范、勤勉尽责的前提下，经办银行的创业担保贷款质量考评情况可不纳入商业银行内部不良贷款考核体系，不影响经办银行和信贷人员的年终评比、奖励和晋级。

第六章 贷款贴息

第二十二条 创业担保贷款财政贴息是指以经人力资源和社会保障部门审核具备规定条件的创业者个人或小微企业为借款人，由经办银行按规定利率和条件发放的创业担保贷款，由财政部门按照规定贴息标准给予贴息的资金，包括中央、省级和地方安排的资金。

第二十三条 2020 年度，对富民创业贷支持的十类重点群体发放的个人创业担保贷款，中央财政对贷款金额在 15 万元(含)以内、贷款利率不高于合同签订日 LPR＋100 BP 的贷款给予全额贴息；省级财政对贷款金额在 15 万元(含)以内、贷款利率高于合同签订日 LPR＋100 BP 不高于合同签订日 LPR＋200 BP 的贷款给予全额贴息；省级财政对金额超过 15 万元，但不超过 30 万元(含)的贷款，按合同签订日 LPR 给予贴息支持；省级财政对超过 30 万元但不超过 50 万元(含)的贷款，按合同签订日 LPR 的 50％予以贴息(不分段计算)。在个人富民创业担保贷款贴息的基础上提高符合条件的返乡创业人员贴息标准，在省财政贴息基础上由市财政按合同签订日同期 LPR 最高上浮不超过 200 BP 给予全额贴息补差。对其他城乡创业者，省级财政贴息按上述标准减半执行。对小微企业中的一类企业，由市财政按合同签订日同期 LPR 最高上浮不超过 200 BP 给予全额贴息；对小微企业中的二类企业省财政按合同签订日同期 LPR 的 50％给予贴息。

自 2021 年 1 月 1 日起，在执行贷款利率符合规定的前提下，对富民创业贷支持的重点群体，LPR－150 BP 以下部分由借款人承担，省级财政对金额在 30 万元(含)以内的贷款对合同签订日 LPR－150 BP 以上部分给予贴息支持，超过 30 万元贷款对合同签订日 LPR－150 BP 以上部分的50%予以贴息(不分段计算);在个人富民创业担保贷款贴息的基础上继续提高符合条件的返乡创业人员贴息标准,在省财政贴息基础上由市财政按合同签订日 LPR 最高上浮不超过200 BP 给予全额贴息补差。对其他城乡创业者,按上述标准减半执行。对小微企业中的一类企业,在省财政贴息基础上由市财政按合同签订日 LPR 最高上浮不超过200 BP 给予全额贴息补差;对小微企业中的二类企业,在借款企业承担 LPR－150 BP 以下部分的基础上,省财政对剩余部分给予不超过200 BP 的贴息。对展期、逾期的创业担保贷款,财政部门不予贴息。

第二十四条 经办银行按照国家财务会计制度和创业担保贷款政策有关规定,计算创业担保贷款应贴息金额,按季度向当地财政部门申请贴息资金。贴息资金申请应包括贷款发生额、贷款发生笔数、申请贴息资金额(其中注明分别符合中央、省和地市贴息标准的资金额)等内容。明细表中包括每笔贷款的项目名称、贷款金额、发放时间、期限、利率、借款人名称、本期申请贴息资金额(其中注明分别符合中央、省和地市贴息标准的资金额)等内容。地方财政部门会同有关部门进行审核,并在1个月内按规定拨付贴息资金。

第七章　贷款申请流程

第二十五条 借款人在创业贷款公共服务平台(“徐州创业网”)上进行个人信息注册并进行网上贷款申请,人社部门根据借款人申报材料,按规定在2个工作日内进行资格审核。

第二十六条 经办银行对网上初审合格的申请人进行线下核贷,无须办理抵押登记的贷款应在5个工作日内完成审批发放;需要办理抵押登记的贷款,应在办妥抵押登记后的2个工作日内完成放款。

第八章　工作考核与经费奖励

第二十七条 工作考核。对市区开展创业担保贷款工作的街道、区级经办部门、经办金融机构及其他市直相关单位的工作情况进行综合考核,并对成绩突出的地区部门给予一定的工作经费奖励。

第二十八条 资金来源。创业担保贷款工作经费规模按照市本级当年新发放创业担保贷款总额的1%安排奖补资金。财政部门积极向上申报中央和省级财政创业担保贷款工作经费奖励资金。

第二十九条 经费用途。奖励经费可用于创业担保贷款工作的活动开展、宣传调研、审计检查和信息系统的开发维护等内容，也用于对经办工作人员个人奖励。奖励标准按照富民创业担保贷款工作经费管理规定执行。

第九章 部门职责

第三十条 财政、人力资源和社会保障部门、中国人民银行徐州市中心支行建立跨部门协调机制，定期召开联席会议，共同做好创业担保贷款政策的组织和实施工作；建立健全创业担保贷款数据统计和监测制度，加强各部门信息沟通和共享；指导经办银行落实创业担保贷款政策要求。

第三十一条 财政部门负责做好担保基金、贴息资金和奖补资金的管理工作，制定相关管理细则，明确相关资金使用规定及程序，提供贷款担保，加强对创业担保基金运行和财政贴息执行情况的监督检查，确保资金依法合规使用。

第三十二条 人力资源和社会保障部门负责做好借款人资格等情况的核实审查；配合经办银行对创业担保贷款申请人情况进行调查及催收逾期贷款等工作；积极向创业担保贷款申请者提供创业指导、创业培训等服务；加强创业担保贷款的宣传，扩大创业担保贷款受益面。

第三十三条 中国人民银行徐州市中心支行负责做好对经办银行的监督检查和业务指导。指导经办银行落实创业担保贷款政策要求，支持经办银行提供优质服务，管理和维护个人信用基础数据库，帮助经办银行查询借款人信用记录。

第三十四条 经办银行做好创业担保贷款的贷前受理、调查、审核、贷后跟踪、催收、追偿等工作；建立创业担保贷款发放台账；及时申请财政贴息和代偿资金；做好创业担保贷款的相关统计工作，确保统计数据的真实准确，并于每月后5个工作日内向市财政、人力资源社会保障部门、中国人民银行徐州市中心支行报告担保基金运管、创业担保贷款发放回收情况。

第三十五条 财政、人力资源和社会保障部门、中国人民银行徐州市中心支行可以聘请第三方审计机构，对经办银行创业担保贷款业务进行外部审计。

第十章 附 则

第三十六条 如因业务开展需要，可以在此办法框架内，就富民创业担保贷款支持对象中某一特定群体或行业出台专项政银产品，提高服务精准度。

第三十七条 铜山区可参照本办法制定符合当地情况的创业担保贷款实施办法。对地方财政部门自行安排贴息的创业担保贷款，要与中央及省财政贴息支持的创业担保贷款分离管理，分账核算。

第三十八条 本办法由徐州市财政局、徐州市人力资源和社会保障局、中国人民银行徐州市中心支行负责解释。

第三十九条 本办法自发布之日起实施，有效期为 3 年。本办法印发前发布的有关创业担保贷款的相关规定与本办法不一致的，以本办法为准。实施之日前已生效的创业担保贷款合同，仍按原合同约定执行。

关于在徐州国家高新技术产业开发区建设产学研融协同创新试验区的意见

一、总体要求

（一）指导思想

以习近平新时代中国特色社会主义思想为指导，全面贯彻党的十九大精神，紧紧围绕金融服务实体经济，以完善企业生命周期金融服务体系为主线，通过在徐州国家高新技术产业开发区（本文件简称“高新区”）先行试点，探索产学研融一体化金融服务模式，充分发挥政府资源、金融资本支持实体经济的合力，建立健全企业融资保障机制，为实体经济转型升级提供金融支撑。

（二）基本原则

1. 科学规划，分步实施

按照金融运行规律和实体经济发展现实需求，科学规划，统筹安排，精心制定产学研金融服务改革创新方案，先易后难，分阶段有序推进。

2. 突出重点，典型带动

重点支持符合国家产业政策，特别是符合地方新兴产业发展导向的科技企业；支持处于科技成果产业化，特别是“量产”开始阶段的企业；支持中小微企业，特别是省、市重点培育的小微企业。立足高新区比较优势，探索产学研融一体化发展的典型模式。通过资源融合、人才培训、机构延伸等，辐射、带动其他地区，为企业全流程金融服务创新积累经验。

3. 政府引导，市场运作

发挥政府引导作用，加强担保和信用体系建设，完善风险补偿、创新激励等措施。发挥市场在资源配置中的决定性作用，坚持市场导向和商业可持续性，完善经营机制，提升服务能力和效率。

（三）建设模式

中国人民银行徐州市中心支行（本文件简称“人行徐州市中心支行”）、铜山区人民政府、徐州国家高新技术产业开发区管委会（本文件简称“高新区管委会”）采取共建模式，在高新区建设产学研融协同创新试验区，对试验区建设工作给予支持和指导。以政府引导、银行主导、多方参与、市场运作为导向，以破解高新区内成长期企业金融服务瓶颈为重点，按照“3＋4”总体框架，重点建设“一中心一系统一平台”三项基础工程，即产学研融协同创新服务中心、企业信用信息查询系统、科技企业融资服务平台。打造四类高地，即科技成果转化高地，金融产品服务创新高地、企业信用培育高地和金融风险防控高地。

（四）总体目标

（1）金融服务创新驱动发展能力进一步增强，金融与实体经济融合进一步加深。立足高新区，构建多层次资本市场融资体系，提供多类型金融创新产品，搭建多维度金融服务平台，实施全流程金融稳定管理。通过3年左右的努力，显著提高高新区企业融资覆盖率，降低融资成本，扩大融资规模，提升金融服务质量。

（2）高新区“三去一降一补”供给侧改革成效显现。有效推动高新区主导产业升级、新兴产业聚集、特色产业做强，培育具有国际竞争力的先进制造业和战略新兴产业。

（3）积极打造融资便捷、服务高效、创新活跃、惠及民生的产学研融互动体系，形成可复制、能推广的金融服务实体经济模式，为全市乃至全省金融服务实体经济探索新途径、积累新经验。

二、主要任务

（一）优化金融资源配置，建立产学研融协同创新服务中心

整合金融资源、信息资源、行政资源、数据资源，建立“产学研融协同创新服务中心”（本文件简称“服务中心”），实现企业与金融实时互动，营造适应企业创新的金融环境，搭建激励金融创新的政策平台。

1．内容规划

依托高新区众创空间建设服务中心，设置三个功能区：“微路演区”

“创融空间”“数据共享区”。其中，“微路演区”为产学研融四类主体提供信息、资料展示空间，即企业进行项目(微)路演或资料宣传，金融机构展示产品、提供服务，科研部门[①]发布最新研究动态，政府部门披露相关政策信息；“创融空间”为企业和银行提供互动空间，定期举办企业家、银行家沙龙，为初创期企业提供创意对接、商务洽谈、融资洽谈场所，节约初创期企业经营成本；“数据共享区”以企业为服务对象，提供征信查询、金融产品定制查询等服务。

2. 运营管理

服务中心由高新区管委会建设、维护。人行徐州市中心支行提供数据查询服务，组织银行业金融机构提供各类金融服务，定期举办金融讲堂或者金融家沙龙，并对金融机构服务质量与效率进行考核。徐州高新区负责联系入驻科研部门和企业宣传，提供政府部门政策信息，定期举办企业家沙龙。

3. 配套机制

一是建立实时对接机制，利用电子屏、互联网和移动通信技术，实现信息在企业、金融机构、服务中心及时传送和反馈，提高服务效率。二是建立银企互动机制，为银行和企业提供互联互动空间，密切银企关系，增进银企互信，加强银企合作。三是建立政策激励机制。鼓励金融机构充分利用“服务中心”资源，开展产品创新，提升服务效率，对接有效的予以优先推荐项目、优先签约信保基金等增信工具、优先获得央行货币政策工具支持。

(二) 完善信用信息体系，建设企业信用信息查询系统

1. 建设企业信用信息查询系统

整合高新区企业信用信息，建设企业信用信息查询系统。不断增加企业有效信用信息，包括企业纳税、电费、工资、社保等各类企业经营

---

① 科研部门主要为徐州高新区内科研载体，如徐州产业技术研究院、淮海科技创新研究院、国家“千人计划”专家王志华工作室、杨炳雄工作室以及浙江大学、吉林大学、华中科技大学高校技术转移中心等载体。

信息，以及结算、外汇收支等金融信息。高新区企业信用信息查询系统按照企业授权、系统封闭的原则运行管理。

2. 建立企业分类数据库

分别建立培育企业库和风险企业库。培育企业库为高新区重点培育企业信用信息、科技成果转化项目信用信息。按照企业成长阶段，将数据库内企业细分为初创期、成长期、成熟期。完善数据库企业信用信息，向金融机构开设查询端口。风险企业库涵盖经营违规、环保不达标、现金流风险突出等存在经营问题的企业。采用大数据技术，根据采集信息对入库企业风险情况进行科学评定。向风险企业提出信用增级建议，营造企业诚信经营的金融环境。

3. 数据资源保障

高新区管委会负责协调相关部门提供企业社保、员工学历、专利权数量等信息，明确牵头部门统一采集相关信息。人行徐州市中心支行负责采集企业信贷、支付结算、国际收支等金融账户信息。

（三）建立融资对接机制，建设徐州科技企业融资服务平台

1. 基本功能

为实现金融业态和服务的线上集聚，以企业和个人融资需求为导向建设徐州高新区金融综合服务平台，全方位服务徐州高新区产业发展和社会民生。主要实现以下四大功能。

（1）金融政策咨询：集合各级政府部门有关金融方面的政策信息，定期开展在线政策咨询交流。

（2）金融产品查询：整合银行业金融机构资源，提供各类信贷产品查询和申请服务。整合各类在徐开展业务的证券、保险、创投、金融租赁等机构资源，及时发布产品信息。

（3）融资项目推介：包括徐州重大项目融资计划、政府和社会资本合作（PPP）重点项目等事关徐州经济发展的重大项目，以及高新区企业数据库评级较好的企业或项目。定期选择其中的优质项目，开展专题项目视频路演、在线融资对接活动。

（4）金融顾问服务：设定企业融资诊断功能和高新区企业金融评价功能。企业发布生产资金需求或财务问题咨询，金融顾问提供相关融资服务和问题解答。企业和金融主管部门对高新区企业金融顾问进行在线评价。

2. 运行维护

在江苏省综合金融服务平台内搭建科技企业融资服务功能，由徐州市政府金融工作办公室协调人行徐州市中心支行、高新区管委会、在徐各金融机构共同配合完成。人行徐州市中心支行负责维护金融政策信息，通过高新区企业数据库筛选融资项目推介，并组织金融机构维护平台信息，进行金融特派员在线考核；徐州高新区管委会负责协调区各部门维护政策信息和融资项目推介；各金融机构负责发布金融产品，并提供线上线下服务。

（四）实施“企业梯次培育计划”，为科技成果转化提供全生命周期金融支持

加强协调配合，发挥各类金融业态效用，拓宽融资渠道。根据初创库、成长库、成熟库企业特征，跟进不同层次的金融服务。

（1）对初创库企业，发挥政府天使投资母基金作用，引导各类投资基金加大初创期企业股权投资。定期筛选初创库企业和科研项目，将企业、项目信息发布于江苏省综合金融服务平台。铜山区政府以推介函的形式向各创投基金、产业基金等各类投资基金进行推介。

（2）对成长库企业，进行先股权、后债权的资金支持。充分发挥我市已有产业基金作用，为企业提供“股权＋债权”支持。完善银行资金参与产业子基金回购机制，加强对拟开展“股权＋债权”融资企业的担保增信，充分调动金融机构资金投放积极性。扶持推动金融机构加强同业和混业合作，通过组建投贷联合体、共保体、银团等多种形式发挥集合优势，重点为无法自主对接满足融资需求的成长期企业制定解决方案。组织金融顾问对接企业，为企业提供适销对路的金融产品。

（3）对成熟库企业，支持利用资本市场进行融资。区政府集中引进

外地投行资源，对成熟库企业进行全面排查，筛选具备上市条件的企业，争取用1—3年时间在主板、中小企业板、创业板或到境外上市融资。加大企业债务融资工具的宣传、推介和承销力度，积极支持科技型企业在银行间债券市场发行短期融资券、中期票据、中小企业集合票据等债务融资工具。鼓励上市公司发行公司债券和可转换债券。支持符合条件的发行主体发行小微企业增信集合债等企业债券创新品种。

（五）创新金融产品和服务方式，满足高新区企业发展多样化金融需求

1. 强化金融组织体系，丰富多层次资金供给功能

完善金融体系间接融资功能，提升产学研金融服务能力。支持银行业金融机构依托高新区设立专营支行、特色支行、社区银行，在授信管理、政策激励、资金调配、担保方式及团队建设等方面大胆创新，先行先试创新金融产品，实行专营化、差异化、个性化服务。积极创造条件引进外资银行入驻。支持符合条件的保险公司建立专业保险机构，为高新区企业提供针对性保险产品。完善金融体系投资和财富管理功能，适应产学研分层金融需求。支持设立创业投资公司，为各类初创期企业提供股权投融资服务。探索设立基于互联网和社交网络的众筹平台，创新“众筹＋众创”投融资模式。支持保险资产管理机构设立夹层基金、并购基金、养老产业基金、健康产业基金等私募基金。大力引进高层次会计师事务所和律师事务所、金融综合咨询、金融代理服务等各类中介服务组织，丰富和完善金融业态。

2. 促进重点产业与金融的深层次合作

鼓励金融机构及各类资本综合运用银团贷款、联合贷款、同业合作等方式，加大对高新区开发建设和重大项目发展的融资支持，支持科技孵化器、加速器、产业园建设，逐步形成完整的企业孵化链条。重点扶持徐州市电子信息、智能制造等新兴产业，全面推动符合科技企业特点的金融产品创新，逐步推动产业链融资、知识产权质押以及股权质押贷款等业务开展，支持综合运用创业投资引导基金、风险投资基金、私募股

权投资基金、银行信贷、上市融资、债务融资等融资方式，促进企业做大做强。加大绿色金融产品创新力度，探索排污权、项目收益权等抵押贷款业务，建立高新区产学研融绿色可持续发展机制。

3. 鼓励各类金融机构合作，创新交叉性金融产品

在有效防范风险的前提下，支持银行业金融机构与证券业、保险业金融机构、创业投资机构及规范的互联网金融平台等加强合作，开发交叉性金融产品。鼓励银行机构优化信贷资产结构，通过资产证券化、信贷资产转让盘活存量信贷资源，增加对企业信贷支持。推广企业小额贷款履约保证保险，支持银行与保险机构开发更多面向初创期中小微企业的信贷融资保险产品。探索投贷联动的业务模式，为产业创新转化提供股权和债权相结合的融资服务，提高投融资效率，分享企业成长红利，实现多层次的风险分担。

4. 探索“金融定制”服务，形成产学研融“一站式”综合服务方案

深化金融顾问制度建设，组建高新区金融特派员队伍，按期入驻服务中心，提供金融咨询，重点帮助企业提供基础理财、信用等级提升、资金融通方案等咨询服务。发挥服务中心对接功能，支持金融机构、投资机构、中介服务机构与企业在线上线下开展有效合作，拓展、畅通企业融资渠道，构建企业全生命周期“一站式”金融服务链。

（六）推进融资担保和增信工作，不断健全企业信用培育机制

1. 设立高新区企业信保基金

出台信保基金管理办法和相应的配套制度，安排专门机构负责管理和运营，更多采用市场方法运营、管理，切实发挥基金增信作用。高新区管委会设置2亿元的信保基金授信规模，按照10倍放大进行贷款担保，最高可撬动20亿元的贷款总额。对担保的贷款损失按比例进行补偿，远期视资金补偿运用情况、地方可用财力和科技型小微企业融资需求，逐年做大信保基金规模。财政对信保基金授信，不在银行预存资金。由信保基金担保的贷款发生损失时，财政在信保基金授信额度内按照事先约定的分担比例进行补偿。

2. 完善融资担保和商业保险增信机制

积极发展政府支持的融资性担保机构，完善扫保贷款风险分担和补偿机制。探索建立商业性和政策性相结合的保险体系，推动银行、保险共同探索贷款保险机制，深化银保企合作。扩大小额贷款保证保险、信用保险覆盖面，创新适合小微企业的组合保险产品，发挥保单对贷款的增信作用。

（七）完善金融监管和风险防范机制，实施全流程金融稳定管理

1. 开发企业资金流监测系统

为准确掌握企业资产变动情况，有效防范企业债务风险，开发基于单个企业的资金流监测系统。该系统输入值为个别企业的全部现金流入、现金流出，输出值为企业现金流同比、环比值。金融机构根据贷后管理需要，向人行徐州市中心支行提出资金流信息查询诉求，人行徐州市中心支行组织相关金融机构提供企业现金流信息。为保护企业隐私和金融机构商业信息，相关信息进行保密处理。金融机构据此研判企业经营情况，做出贷后管理决策。

2. 实施“企业行为监测”试点

企业与高新区管委会签订“信用承诺协议”，不签订协议不可使用服务中心等相关资源。实施匿名人信用评估模式，有效防范金融风险。加强企业资金链、担保链风险的动态监测，建立金融风险预警机制。

3. 依法严厉打击逃废金融债务、非法集资等金融违法行为

高新区管委会联合区政府公检法、金融监管部门等开展金融执法和联合制裁，严厉打击各种非法金融活动，净化金融环境，保障金融活动有序、高效进行。提高金融案件执结率和标的额兑现率。探索建立铜山区金融案件审判庭，专门负责金融案件审理、执行，不断加大金融债权案件执行力度，争取金融案件执结率达到80%，金融案件标的额兑现率提升至70%。

三、保障措施

（一）建立工作协调机制

建立“徐州产学研融协同创新试验区”协调机制，由人行徐州市中

心支行、徐州市政府金融工作办公室、铜山区人民政府、高新区管委会、中国矿业大学、江苏师范大学、徐州工程学院等单位组成。成员单位定期召开工作协调会议，共同研究制定高新区产学研融工作的政策措施，加强与上级机构的沟通协调，做好针对高新区企业和辖区金融机构的政策解读和落实工作。

（二）建立政策激励机制

人行徐州市中心支行综合运用货币政策工具，支持金融机构向高新区企业发放贷款、开办特色金融业务。对于在高新区业务创新突出、支持力度明显的金融机构，人行徐州市中心支行联合高新区管委会授予“产学研融示范行”牌匾。对于工作业务表现突出的金融顾问授予“优秀金融顾问”称号。

（三）落实考核督查机制

按季度监测方案实施进度，对金融机构产品创新落地情况、银企对接情况、企业成长情况三个方面进行考核评估，实时改进推进举措。注重发挥新闻媒体和网络的作用，及时总结和宣传创新实践经验和典型做法。

第四篇

金融服务指南

金融顾问 App 使用指南

一、平台简介

为解决金融信息割裂、线下金融顾问服务不便捷等问题，中国人民银行徐州市中心支行于 2019 年 6 月建成并投入使用金融顾问 App。目前，金融顾问 App 设有“政策发布”“金融顾问”“惠企走访”“金融产品”“企业路演”“重点企业库”等板块。其中，“金融顾问”模块实现金融顾问 7×24 小时全天候服务。徐州市金融顾问人员信息全部公示在金融顾问 App 上，客户可通过“机构类型”“业务类别”“服务地域”等字段检索符合条件的金融顾问并与其联系，寻求金融服务，同时，金融顾问 App 也帮助银行自身拓展客户来源。“惠企走访”模块建成惠企走访网络化管理和监督机制。各金融顾问在走访企业时，可在手机 App 上实时记录企业情况、融资问题、融资进度和相关图片等，金融管理部门可以利用金融顾问 App 监督银行走访实情，进行数据跟踪，减少现场调查和手工统计工作量。“金融产品”模块实现手机端查询金融产品信息。金融顾问 App 与江苏金融综合服务平台实行数据实时传输，对于不便于电脑端查询金融产品的企业用户，可以在手机上直接检索相关信息。“重点企业库”模块向金融顾问实时推送优质企业。中国人民银行徐州市中心支行牵头与徐州市发展和改革委员会、徐州市经济和信息化委员会等政府部门进行对接，筛选行业优质企业，将企业经营情况、财务信息通过 App 向金融顾问推送，避免了银企对接会受到场次限制、参与企业有限的弊端，也能确保一线金融顾问可以随时查看企业。

二、使用说明

（1）登录智慧徐州 App，打开“普惠金融”一栏下的“金融顾问”。

（2）政策发布：提供最近发布的产业政策、融资政策、财税政策，为企业经营管理保驾护航。

（3）企业动态：展示经营状况良好、产品前景广阔的企业信息，为招商引资搭建平台。

（4）金融顾问：列示徐州市千名金融顾问姓名、联系方式、专业特长、典型案例，为企业提供 7×24 小时全天候服务。

（5）排行信息：各金融机构惠企走访成果、银企对接成果展示。

(6) 惠企走访：金融顾问走访企业时的实用工具，可录入企业信息，记录走访情况，上传走访照片。

(7) 金融产品：徐州市企业适用的金融产品集锦，企业可选择合适产品，并与相应机构取得联系。

(8) 企业路演：优质企业视频材料。

（9）重点企业库：政府相关主管部门重点推荐有融资需求的企业，金融顾问有权限查看。

徐州市综合金融服务平台使用指南

一、平台简介

为打造网格化金融服务基础设施，让企业融资多走"网路"，少跑"马路"，由徐州市地方金融监督管理局牵头，中国人民银行徐州市中心支行等有关部门通力协作，徐州市综合金融服务平台于 2018 年上线试运营。截至 2020 年 9 月末，中小微企业用户注册数突破 4.49 万家，接入 44 家银行机构、2 家金融租赁机构与 7 家担保机构，上线金融产品达 296 项。平台累计发布融资需求共计 9 515 笔，涉及金额 237.92 亿元；撮合成功获批授信共计 7 579 笔，涉及金额 225.40 亿元。

徐州市综合金融服务平台在整合全市金融机构融资产品（服务）、融资扶持政策、企业征信服务等各类资源基础上，形成了五大特色优势：一是"一张网"覆盖全市中小微企业。有效整合扶持政策、金融服务、征信信息等资源，面向中小微企业提供"接地气"的定制化金融服务。二是"一键式"实现融资供需对接。平台为融资供需双方提供类"网络零售市场"对接模式，银行作为"卖家"，将融资产品（服务）在"网店"发布；中小微企业作为"买家"，既可以直接选购融资产品（服务），又可以发布个性化需求供银行"抢单"。三是"一站式"提供综合金融服务。除融资撮合外，平台还向中小微企业提供丰富的金融服务，主要包括保险、融资性担保、融资租赁、股权投资、在线路演等，有效满足中小微企业多样化金融需求。四是"一次性"查询企业征信信息。平台将配套设立省级持牌征信服务公司，上线金融机构经企业授权可通过平台查询其税务、工商等公共信用信息，进一步挖掘优质诚信中小微企业客户。五是"全方位"享受融资扶持政策。平台将我市各类融资支持政策整合嵌入成熟信贷产品，符合条件的中小微企业"一键购买"后即可全方位享受相应的融资支持政策。

未来，徐州市综合金融服务平台将充分利用五大特色优势，加快实现银企高效融资对接，着力破解中小微企业融资难题，助力全市企业诚信体系建设，为推动企业高质量发展和“强富美高”新徐州建设提供有力金融支撑。

二、使用说明

（1）登录徐州市综合金融服务平台，网址为 http://xz.jsjrfw.com/sujrb/。

（2）根据提示要求注册或登录企业账号。

（3）根据融资需求选择服务板块"我要贷款""我要保险""我要担保""我要转贷""我要租赁""我要服务"。

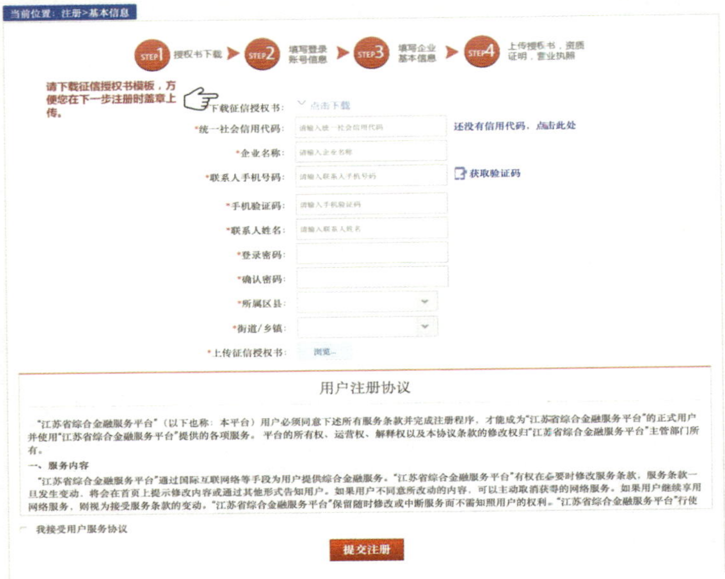

（4）在相应服务板块下浏览金融产品，在线向金融机构申请金融服务。

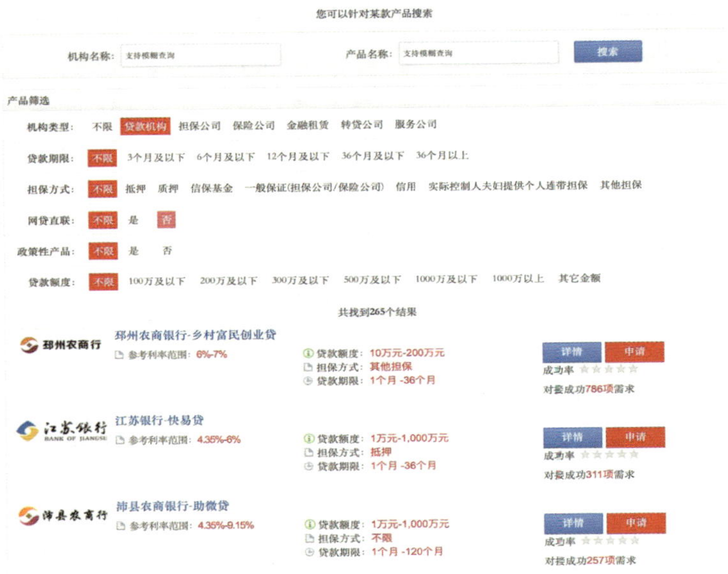

“我要贷款”板块包含信用贷款、抵质押贷款、担保贷款等 269 种信贷产品。企业可结合自身信贷需求（贷款期限、担保方式、贷款额度）自助选择信贷产品。

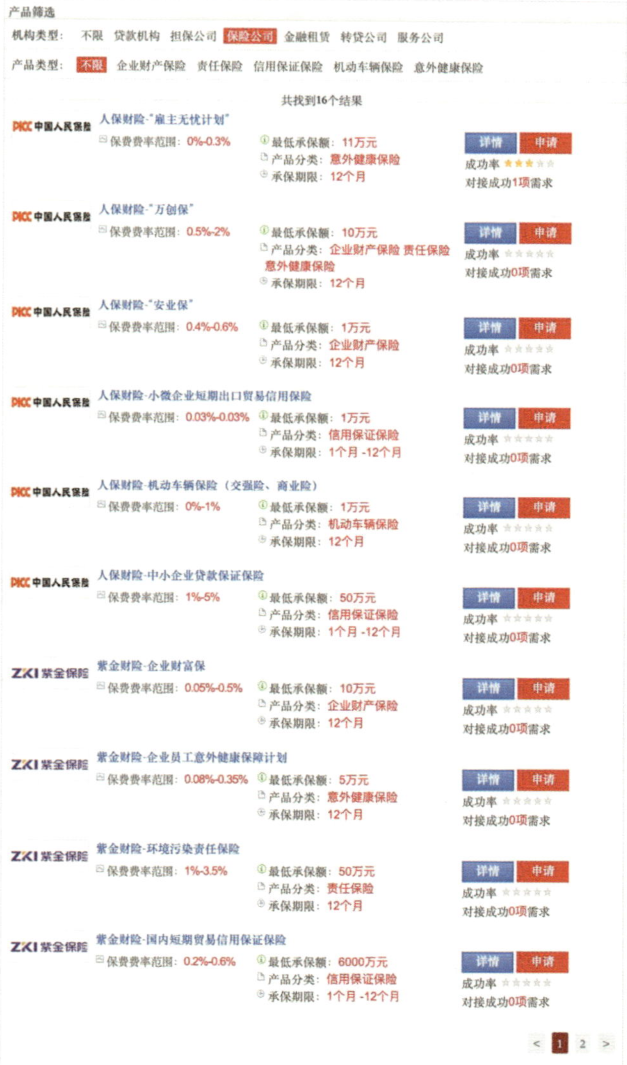

“我要保险”板块包含企业财产保险、责任保险、信用保证保险、机动车辆保险、意外健康保险等险种。

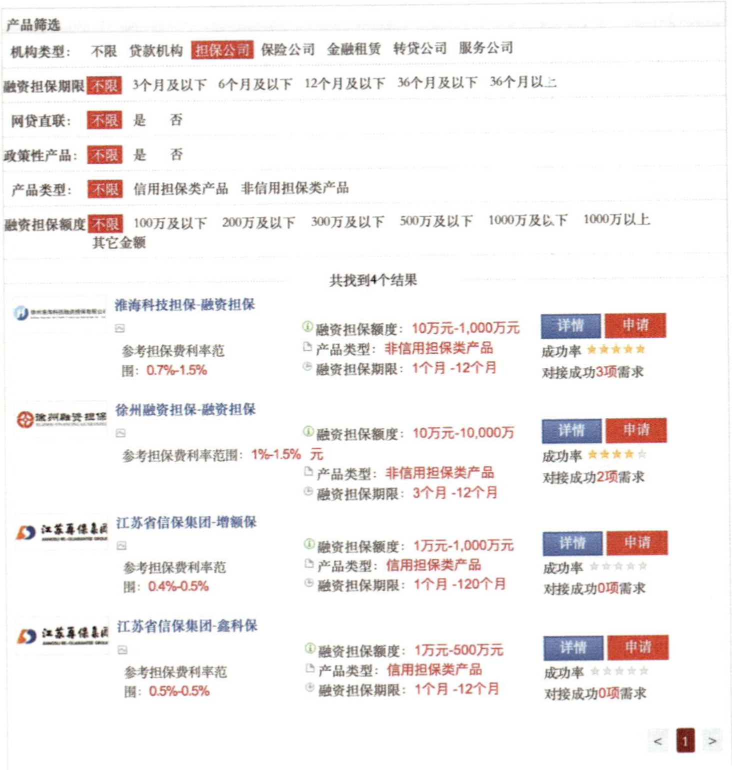

"我要担保"板块目前主要由淮海科技担保公司、徐州融资担保公司、江苏省信用集团提供增信服务。

企业直接债务融资工具介绍

一、境内直接债务融资工具谱系

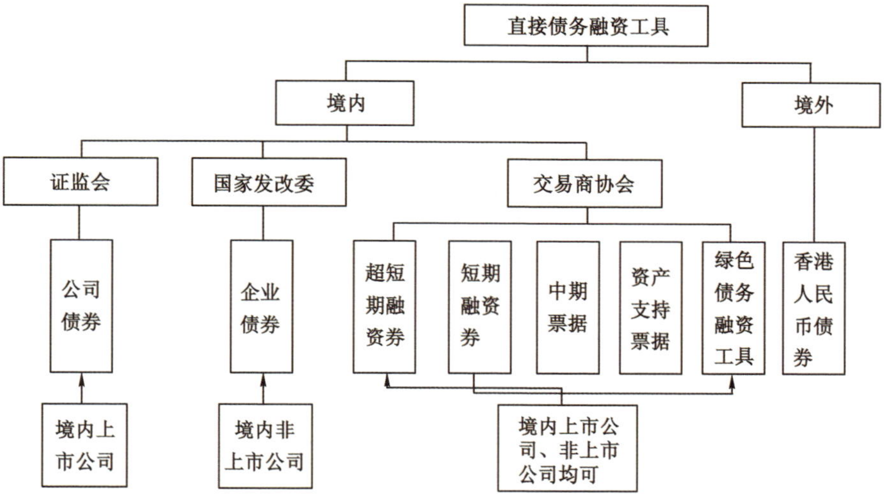

二、境内直接债务融资工具简介

（一）公司债券简介

法规规定	公司债券是指公司依照法定程序发行、约定在1年以上期限内还本付息的有价证券。 公司债券发行需满足以下条件：公司的生产经营符合法律、行政法规和公司章程的规定，符合国家产业政策；公司内部控制制度健全，内部控制制度的完整性、合理性、有效性不存在重大缺陷；经资信评级机构评级，债券信用级别良好；公司最近一期末经审计的净资产额应符合法律、行政法规和中国证监会的有关规定；最近3个会计年度实现的年均可分配利润不少于公司债券一年的利息；公司债券待偿还余额不得超过企业净资产的40%，须与中期票据、企业债券合并计算
主管机关	中国证监会
行业要求与募集资金用途	涉及受宏观调控的行业，如房地产行业，需遵守国家相关行业调控政策；涉及国务院38号文中有关产能过剩的企业将视情况与监管部门进行沟通。 募集资金用途要求较股权融资宽松，可用于项目投资、补充营运资金和偿还银行贷款等

续表

发行市场	交易所市场：上交所、深交所实行分类管理，符合一定标准的公司债在竞价系统上市交易；不符合此标准的公司债，通过固定收益电子平台（上交所）或综合协议平台（深交所）挂牌交易
发行方式	一次核准，分期发行
融资成本	发行成本：不同信用等级差别较大，一般来看，发行利率低于同期限贷款利率
期限特点	1年以上，多为中长期；无担保则期限较短
审批流程	证监会核准，审批效率较快，根据证监会的最新监管政策，审批有望在1个月左右完成。核准批文有效期为24个月，有效期内上市公司可分批发行。首次发行规模不低于50%
主承销商资格	无明确限制，具有经营证券业务资格的金融机构即有资格担任公司债券的主承销商

（二）中期票据与短期融资券简介

1. 超短期融资券

法规规定	超短期融资券是指具有法人资格、信用评级较高的非金融企业在银行间债券市场发行的，期限在270天以内的短期融资券。 超短期融资券发行需满足以下条件：发行主体需提供付费模式不同的双评级，任一评级机构出具AA级主体评级；发行人近3年内需公开发行债务融资工具累计达3次或公开发行债务融资工具累计达50亿元；发行人需根据自身经营规模和周期特点，合理测算短期资金缺口，确定募集资金规模，合理匹配用款期限，满足“实需原则”，不得“发短用长”；公司治理完善，业务运营合规，信息披露规范，不存在重大违法、违规行为；市场认可度高，发行债券具有较好的二级市场流动
发行市场	银行间市场
融资成本	发行成本：一般情况下，低于同期限贷款。 目前在银行间市场发行、流通，投资者群体主要为商业银行、农村信用合作社等
期限特点	270天以内
审批流程	主管机关：中国银行间市场交易商协会。 采取向银行间交易商协会注册的方式，审批效率较高，批文有效期为2年，在有效期内可以分批发行
主承销商资格	目前，非金融企业债务融资工具的主承销机构共有68家：A类主承销商43家，包括29家银行、12家券商、2家外资行；B类主承销商25家，包括23家地方银行、2家外资行

2. 短期融资券

法规规定	短期融资券是指具有法人资格的非金融企业在银行间债券市场发行的，约定在 1 年期限内还本付息的有价证券。 企业发行短期融资券应依据《银行间债券市场非金融企业债务融资工具注册规则》在交易商协会注册。 对财务状况无特别要求。 短期融资券待偿还余额不得超过企业净资产的 40%，须与中票合并计算（央企总部及净资产超过央企总部合并净资产 50%的总部一级子公司，可不合并计算）
发行市场	银行间市场
融资成本	发行成本：一般情况下，低于同期限贷款。 目前在银行间市场发行、流通，投资者群体主要为商业银行、农村信用合作社等
期限特点	365 天以内
审批流程	主管机关：中国银行间市场交易商协会。 采取向银行间交易商协会注册的方式，审批效率较高，批文有效期为 2 年，在有效期内可以分批发行
主承销商资格	目前，非金融企业债务融资工具的主承销机构共有 68 家：A 类主承销商 43 家，包括 29 家银行、12 家券商、2 家外资行；B 类主承销商 25 家，包括 23 家地方银行、2 家外资行

3. 中期票据

法规规定	中期票据是指具有法人资格的非金融企业在银行间债券市场按照计划分期发行的，约定在一定期限还本付息的债务融资工具。 企业发行中期票据应依据《银行间债券市场非金融企业债务融资工具注册规则》在交易商协会注册。 对财务状况无特别要求。 中期票据待偿还余额不得超过企业净资产的 40%，须与公司债、短券合并计算（央企总部及净资产超过央企总部合并净资产 50%的总部一级子公司，短券可不合并计算）
发行市场	银行间市场
融资成本	发行成本：一般情况下，低于同期限贷款利率。 目前在银行间市场发行、流通，投资者群体主要为商业银行、农村信用合作社等
期限特点	2—10 年期均有发行，一般为 3—5 年

续表

审批流程	主管机关:中国银行间市场交易商协会。 采取向银行间交易商协会注册的方式,审批效率较高,批文有效期为2年,在有效期内可以分批发行
主承销商资格	目前,非金融企业债务融资工具的主承销机构共有68家:A类主承销商43家,包括29家银行、12家券商、2家外资行;B类主承销商25家,包括23家地方银行、2家外资行

4. 资产支持票据

法规规定	资产支持票据是指非金融企业在银行间债券市场发行的,由基础资产所产生的现金流作为还款支持的,约定在一定期限内还本付息的债务融资工具。 基础资产为符合法律法规规定,权属明确,能够产生可预测现金流的财产、财产权利或财产和财产权利的组合。基础资产不得附带抵押、质押等担保负担或其他权利限制
发行市场	银行间市场
融资成本	交易商协会不做利率指导,发行利率由主承销商、发行人和投资者商定
期限特点	3—5年(实际上1—2年也可以发行)
审批流程	主管机关:中国银行间市场交易商协会。 可选择公开发行或非公开定向发行
主承销商资格	目前,非金融企业债务融资工具的主承销机构共有68家:A类主承销商43家,包括29家银行、12家券商、2家外资行;B类主承销商25家,包括23家地方银行、2家外资行

5. 绿色债务融资工具

法规规定	绿色债务融资工具是指境内外具有法人资格的非金融企业在银行间市场发行的,募集资金专项用于节能环保、污染防治、资源节约与循环利用等绿色项目的债务融资工具。绿色项目的界定与分类可以参考中国金融学会绿色金融专业委员会编制的《绿色债券支持项目目录》。 募集资金可用于绿色项目的建设、运营及补充配套流动资金,或偿还绿色贷款,但在具体比例上没有明确要求。目前在银行间债券市场发行的绿色债务融资工具募集资金主要投向包括风电、水电、光伏、轨道交通建设等项目
发行市场	银行间市场

续表

融资成本	交易商协会不做利率指导，发行利率由主承销商、发行人和投资者商定
期限特点	没有限制
审批流程	主管机关：中国银行间市场交易商协会。 鼓励第三方认证机构对企业发行的绿色债务融资工具进行评估，出具评估意见并披露相关信息
主承销商资格	目前，非金融企业债务融资工具的主承销机构共有 68 家：A 类主承销商 43 家，包括 29 家地方银行、12 家券商、2 家外资行；B 类主承销商 25 家，包括 23 家地方银行、2 家外资行

（三）企业债券简介

法规规定	企业债券是指企业依照法定程序公开发行并约定在一定期限内还本付息的有价证券。 企业债发行需满足以下条件：股份有限公司的净资产不低于人民币 3 000 万元，有限责任公司和其他类型企业的净资产不低于人民币 6 000 万元；连续 3 年盈利，最近 3 个会计年度实现的年均可分配利润足以支付企业债券 1 年的利息；发行后公司累计债券余额不超过最近一期期末净资产（不含少数股东权益）的 40%（与短融不合并计算）；符合国家产业政策和行业发展方向，所需相关手续齐全。 募集资金投向：用于固定资产投资的，原则上累计发行额不超过项目总投资的 60%。用于收购产权（股权）的，比照此比例；用于调整债务结构的，需提供银行同意还贷证明；用于补充营运资金的，不超过发债总额的 20%
主管机关	国家发展和改革委员会负责发行审批，为主审机关；中国人民银行和中国证券监督管理委员会作为会签单位，分别负责发行利率审批和承销团承销资质审批
发行市场	银行间债券市场及交易所市场，以银行间市场为主
发行方式	优质企业的发行利率低于银行贷款，成功实现企业信用优势向成本优势的转化
融资成本	以中长期品种为主，3 年期、5 年期、7 年期、10 年期及 15 年期等期限的产品均有发行；无担保则期限较短
期限特点	国家发展和改革委员会负责发行审批，为主审机关；中国人民银行和中国证券监督管理委员会作为会签单位，分别负责发行利率审批和承销团承销资质审批
审批流程	银行间债券市场及交易所市场，以银行间市场为主包括协商定价、簿记建档、招标发行等方式，规模较大的企业债多采用簿记建档和招标方式
主承销商资格	2000 年以来，已经担任过企业债券发行主承销商或累计担任过 3 次以上副主承销商的金融机构方可担任主承销商

《金融助力“徐州智造”加快发展精品工程实施方案》政策问答

【问题 1】 新冠肺炎疫情防控期间，中国人民银行徐州市中心支行采取了哪些措施支持企业的复工复产和制造业发展？

【答】 新冠肺炎疫情防控期间，中国人民银行总行在实施稳健的货币政策方面更加注重灵活适度，采取一系列精准度高、针对性强的政策措施，如降低存款准备金率、降低超额存款准备金率、设立 3 000 亿元防疫专项再贷款、新增 5 000 亿元再贷款再贴现额度、公开市场操作等。一系列政策实施行动早、应对准、见效快。

中国人民银行徐州市中心支行按照中国人民银行总、分行的政策安排和市委市政府的工作部署，积极会同相关部门，为有效应对新冠肺炎疫情防控和对制造业企业的影响，采取了一系列措施，主要有五个方面(可以概括为“增强五性”)。

第一，精准发力，增强部门联动协同性。面对新冠肺炎疫情影响，国家相关部委制定了一系列文件，更加注重灵活适度，中国人民银行徐州市中心支行会同相关部门及时把这些文件传导落实到徐州，保证政策的落地落实。另一方面，我们结合徐州市实际情况，制定了一系列文件办法，先后共 8 份。在此基础上，我们发挥部门的职能优势，更加注重灵活适度，根据徐州市发展和改革委员会、徐州市工业和信息化局等提供的 1 021 家企业名单，我中心支行会同徐州市地方金融监督管理局、中国银行保险监督管理委员会徐州监管分局等金融监督管理部门对企业进行梳理、分析和排队，分批次向金融机构推介，组织金融机构进行有效对接。

二是定向扶持，增强央行资金的精准性。面对新冠肺炎疫情的影响，中国人民银行发行了 5 000 亿元的再贷款再贴现资金额度，中国人民银行徐州市中心支行积极向上争取 14 亿元再贷款再贴现资金额度。为了使用好专项资金，我们拟定了工作办法，对使用对象、使用用途与价格做出了明确要求，按日调度资金使用进度，目前额度使用已超过 80%，快于全省平均水平。我中心支行再贷款再贴现额度合计 55.3 亿元，在苏北地区领先。2 月份以来，已累计为金融机构支持企业抗击新冠肺炎疫情和复工复产提供各类央行资金 29 亿元，其中投向制造业企业达到 11 亿元。再贷款惠及各类企业（包括个体工商户、小微企业主）达 5 038 家，再贴现惠及企业 285 家，节省企业融资成本超过 8 000 万元。

三是拓宽渠道，增强企业融资便利性。2020 年 2 月在新冠肺炎疫情严峻时期，指导协调辖内金融机构开辟债务承销“绿色通道”，配合中国人民银行南京分行助推徐工集团成功发行江苏省首单 3 亿元新冠肺炎疫情防控债。从企业提出融资需求到发行仅用 4 天时间，利率仅为 2.69%，缓解了企业的燃眉之急，中央电视台对此进行了报道。在各方努力下，我市 1 季度债务融资工具共发行 120.5 亿元，同比增加 34.4 亿元，为重点项目建设、机械制造等产业发展提供了大量低成本资金。

四是区别对待，增强信贷扶持灵活性。新冠肺炎疫情对徐州民营小微企业影响很大，许多企业陷入了融资困境。我中心支行会同银保监分局要求金融机构不抽贷、不断贷，采取展期、续贷、缓交利息等方式帮助企业渡过难关。

五是优化作风，增强金融服务效能性。依托智慧徐州 App 金融顾问平台，推动金融机构为受新冠肺炎疫情影响企业、项目提供“不见面”融资服务。此外，我中心支行通过账户管理、国库服务与管理、外汇服务，支付便利化管理等方式，促进企业快速复工复产。

截至一季度末，全市人民币贷款余额同比增长超过 20%，增量与增速既超过去年同期水平，也超过全省平均水平，位列全省前列。一系列措施支持，不仅为全市实体经济发展营造了良好的金融环境，为制造业企业复产复工和加快发展提供了充足的动力支撑。

【问题 2】　围绕金融助力“徐州智造”加快发展精品活动，徐州市发展和改革委员会如何推动产业发展与金融资本相融合？

【答】 我们知道，任何一个产业的发展，都离不开金融的支持。特别是在当前经济社会环境下，积极推动金融服务实体经济，加快“徐州制造”向“徐州智造”转变是我市打赢新冠肺炎疫情防控阻击战、做大做强产业经济、加快转型发展、努力完成年度目标任务的必由之路。在此，我们简要介绍一下徐州市发展和改革委员会在推动产业发展、促进金融服务方面所做的主要工作。

第一个方面：以重大产业项目建设、产业集群发展为着力点，推动我市制造业加快发展。一是按年度推进实施一批重大产业项目。按照市委市政府“工业立市、产业强市”战略部署，2020 年，市级共安排年度实施的重大产业项目 230 个，总投资 3 100 亿元，年度计划投资 1 270 亿元。其中工业新兴产业项目 163 个，特别是高端装备与智能制造、新能源、集成电路与 ICT、生物医药和大健康等四大新兴主导产业项目有 83 个，总投资 904 亿元，年度计划投资 405 亿元。同时，各县（市、区）共安排年度重大产业建设计划项目 687 个，年度计划投资 1 400 亿元。二是加快推进高端装备制造产业集群建设。经过我们的努力创建，我市荣获了国家智能装备集群建设试点城市称号，目前我们已推荐上报国家、省产业集群建设重点项目 30 多个，总投资 230 亿元，同时，市级储备集群重点项目 88 个。其中，龙头企业优先培育项目 44 个，重点配套及补链项目 30 个，重点生态建设项目 14 个。这批重点项目建成达效，将进一步提升我市智能装备产业的核心竞争力。

第二个方面：采取有效举措积极应对新冠肺炎疫情影响，助力全市企业加快复工复产。一是为全面推动我市产业、企业复工复产。重点围绕规模以上工业、规模以上服务业、限额以上贸易、资质以上建筑业企业及重大产业项目、重大城建项目、为民办实事项目，建立了“一企一人”“一项目一人”包挂帮扶机制，帮助企业化解复工复产中遇到的困难和问题，已累计向相关金融部门反馈有融资需求的企业 600 余家，融资需求 50 多亿元，目前已为 340 家企业解决资金近 30 亿元。二是积极谋划，在危机中抢抓新机遇培育新动能。在复工复产期间，智能制造、生物医药等新业态新模式发挥了重要支撑作用，也迎来了重大发展机遇。目前，我们在积极储备推进一批对我市未来产业转型发展具有重大推动意义的产业项目，加快培育发展新动能和新增长点，促进我市后疫情时代经济转型和高质量发展。

第三个方面：深入推动产业和金融资本对接，为我市打造“智造”名片提供有力支持。近年来，我们在推进重大产业项目建设、产业集群发展工作中，积极举办形式多样的融资对接活动，推动产业项目融资需求信息共享，我市各类金融机构也对项目、企业的融资需求给予了大力支持，金融支持实体经济的作用得到了较好的发挥。这次我们联合开展的“金融助力‘徐州智造’加快发展精品活动”，就是在新的形势下，推动金融更好更精准地服务企业，切实保障我市企业复工复产的资金需求，化解新冠肺炎疫情对当前经济的不利影响，在助力企业达产达效的同时，着眼于未来产业发展的新机遇，以“智造”为核心，推动我市制造业产业加快向“智能化、高端化、绿色化”迈进，为我市高质量发展提供新动能。

下一步，徐州市发展和改革委员会将继续做好服务工作，发挥好产业发展与金融资本间的桥梁纽带作用。积极组织开展多层次多形式的融资对接活动，为我市金融资本更好地服务产业、企业搭建平台、创造机会。一是推动金融服务扩大覆盖面。围绕我市正在深入推动的复工复产工作，进一步摸排“四上企业”、市县两级重大产业项目、战略性新兴产业、智能装备产业集群等领域的项目和企业的融资信息，形成融资需求信息清单，通过中国人民银行徐州市中心支行、徐州市地方金融监督管理局等单位传递给全市金融机构，推动金融服务不断扩大覆盖面。二是组织开展重点企业调研。会同市金融部门、各类金融机构赴相关企业开展专题融资调研，深入了解企业发展融资诉求，帮助企业制定融资一揽子计划，积极推动解决企业发展的资金瓶颈。三是积极举办产业发展专题融资对接会。围绕我市高端装备与智能制造、新能源、集成电路与 ICT、生物医药和大健康等四大战略性新兴主导产业以及智能装备产业集群发展，举办金融服务产业发展专题融资对接会，为我市制造业发展提供强力的资金支持，持续推动我市产业转型发展和高质量发展。

【问题 3】 听说在新冠肺炎疫情防控期间，为全力支持重点保障企业复工复产，切实满足小微企业融资需求，徐州市综合金融服务平台开通了绿色通道，请问这个平台的绿色通道主要能为小微企业提供哪些支持呢？

【答】 综合金融服务平台是一个公益性在线融资撮合平台，主要是促进政银企信息对接，提升融资服务效率，增强企业融资可得性。平台运行两年来，已接入银行机构 43 家，注册企业 19 314 家，上线金融产品 242 项，撮合成功获批授信金额 53.7 亿元，切实缓解了部分小微企业的融资需求。

2020 年 2 月 20 日，综合金融服务平台及时开通绿色融资通道，并持续开通 6 个月，全力支持、保障受新冠肺炎疫情影响的企业复工复产，解决特殊时期企业资金问题。这次开设的绿色通道主要有两个核心，一个是适当延长贷款期限，另一个是降低企业融资成本。当前小微企业面临的是暂时性的经营困难，从长远看，绝大多数企业是具有持续生产和经营能力的，所以要求平台内各参与银行切实履行社会责任，创新信贷产品，瞄准中小企业“短、小、频、急”融资需求特点，上线一批“量体裁衣”“量身定制”的金融产品。对绿色通道内的申请企业，该续贷的续贷，该延长期限的延长期限，该提供优惠利率的提供优惠利率，主动向中小企业减费让利，并尽可能提供中期流动资金贷款和信用贷款，绿色通道内企业贷款加权平均利率仅为 4.6%。加快审批速度，开辟复工企业信贷绿色审批通道。通道内除各银行金融机构外，新增了融资担保、转贷基金、小额贷款公司等其他金融组织，根据需要精准对接、精准服务，积极为绿色通道小微企业贷款提供担保、再担保，并进一步降低费率，取消反担保要求。新冠肺炎疫情防控期间，共办理担保放款业务 34 亿元，新增融资担保业务 19 亿元，其中小微企业和“三农”业务规模占比达到75.6%以上。中国人民银行也根据绿色通道内参与银行贷款投放情况提供再贷款再贴现支持。2020年1—3月，平台“小微e贴”撮合成功获批授信10笔，金额7 000万元；“小微e贷”11笔，金额3 300万元，切实降低小微企业融资成本。

（2020年4月9日）

后　记

实体经济是肌体，金融是血脉。徐州制造业转型升级离不开金融的支持，金融的持续经营也依托于以制造业为主的实体经济发展。我们编写本书的目的，既是为徐州制造业企业提供融资指南，也是对"十三五"时期金融支持徐州制造业发展的总结，更是为"十四五"时期金融高质量发展提供思路。本书中的金融产品系徐州市金融机构支持制造业产品精品，案例均是真实发生。本书的编写凝结了全市金融从业人员的辛苦与努力，在此，对他们孜孜不倦的服务精神表示钦佩。中国人民银行丰县支行周建强、沛县支行郭良芳、新沂支行石慧敏、邳州支行陈洪辉、睢宁支行吕传颂，农业发展银行徐州分行吕全泉、中国工商银行徐州分行孙萌、中国农业银行徐州分行徐思利、中国银行徐州分行孙希明、中国建设银行徐州分行郑慧、交通银行徐州分行赵冰雪、中信银行徐州分行谢恒、光大银行徐州分行曹纬健、华夏银行徐州分行赵旭、广发银行徐州分行陈靓、平安银行徐州分行刘杰、浦东发展银行徐州分行张先伟、招商银行徐州分行刘军、兴业银行徐州分行董宇怡、民生银行徐州分行陈韬、恒丰银行徐州分行张峰、浙商银行徐州分行张洪川、渤海银行徐州分行郭红亮、南京银行徐州分行汪凡、江苏银行徐州分行刘坤、莱商银行徐州分行侯芬、邮政储蓄银行徐州分行王华琴、徐州农村商业银行尹宁、铜山锡州村镇银行姚祥均、徐工财务公司胡君伟、徐州恒鑫金融租赁股份有限公司李沛君等同志为本书的出版付出了辛勤劳动，在此一并表示感谢。

由于编者能力有限、时间紧促，书中难免存在疏漏错误，敬请读者批评指正。特此致谢！